BEITRÄGE ZUR ÄLTEREN DEUTSCHEN WIRTSCHAFTS- UND VERFASSUNGSGESCHICHTE.

GESAMMELTE AUFSÄTZE

VON

GEORG CARO,

PRIVATDOZENTEN AN DER UNIVERSITÄT ZÜRICH.

LEIPZIG

VERLAG VON VEIT & COMP.

1905

WIRTSCHAFTS- UND VERFASSUNGSGESCHICHTE

BEITRÄGE

ZUR

ÄLTEREN DEUTSCHEN WIRTSCHAFTS- UND VERFASSUNGSGESCHICHTE.

GESAMMELTE AUFSÄTZE

VON

GEORG CARO,

PRIVATDOZENTEN AN DER UNIVERSITÄT ZÜRICH.

LEIPZIG

VERLAG VON VEIT & COMP.

1905

Druck von Friedrich Stollberg in Merseburg.

Vorwort.

Die hier gesammelten Aufsätze sind aus Vorträgen hervorgegangen, in denen ich die Ergebnisse von jeweilig fortschreitenden Studien zusammenfassend zur Darstellung zu bringen suchte. Die lockere Verbindung zwischen den bereits veröffentlichten und den neu hinzugefügten Abhandlungen ist absichtlich nicht enger geknüpft worden, um den Eindruck nicht zu verwischen, wie von verschiedenen Gesichtspunkten aus unter Verwertung eines lokal beschränkten Quellenmaterials Aufschlüsse über wichtige Fragen der älteren deutschen Wirtschafts- und Verfassungsgeschichte sich gewinnen lassen. Die scheinbar so fest gegründeten Ansichten über die älteren deutschen Wirtschaftszustände bedürfen noch in mancher Beziehung einer tiefgreifenden Umgestaltung, ehe zum systematischen Neuaufbau des schwankenden Gebäudes geschritten werden kann. Sind doch z. B. die Folgen der freilich weit übers Ziel hinausschießenden Aufstellungen Rübels betreffs Entstehung der Markverfassung und -genossenschaft (vergl. meine demnächst in der Westdeutschen Zeitschrift erscheinende Besprechung) noch gar nicht abzusehen, und der gegen Seeliger erhobene Widerspruch vermag nicht die Immunität in die ihr früher zugeschriebene Bedeutung wieder einzusetzen. Durch den vom Zeitalter der Romantik gewobenen Nebelschleier verhüllt, haben die Formen der älteren Institutionen vielfach einen ganz verzerrten Anblick gewonnen. Den Nebel mittels unbefangener Quelleninterpretation zu zerreißen, dazu sollen die nachfolgenden Aufsätze einen Beitrag liefern.

Zürich, August 1905.

G. Caro.

Inhalt

I

Die Grundbesitzverteilung in der Nordostschweiz und den angrenzenden alamannischen Stammesgebieten zur Karolingerzeit.[1]

Nur durch engstes Zusammenwirken der allgemeinen und der lokal begrenzten Forschung können auf den Gebieten der Wirtschafts-, Verfassungs- und Sozialgeschichte die schwebenden Fragen gelöst werden. Gerade für die Karolingerzeit fehlt es noch sehr an einem solchen Zusammengehen. Inama Sterneggs Deutsche Wirtschaftsgeschichte (Bd. 1) nimmt auf landschaftliche Unterschiede wenig Rücksicht. Lamprechts Deutsches Wirtschaftsleben steht allerdings auf dem festen Boden einer genauen Lokalkenntnis; aber die später für das Moselland so reichlich fließenden Quellen sind in der Karolingerzeit noch recht dürftig; jedenfalls ist für gar manche andere Gegend weitaus mehr Material vorhanden. Ich habe es nun versucht, eine der Gruppen von Privaturkunden, deren aus der Karolingerzeit noch mehrere erhalten sind, möglichst intensiv zu verwerten. Der Weg, auf dem ich vorgehe, und die Resultate, zu denen ich gelange, sollen hier nur skizziert werden. So unvollkommen noch vieles an Methode und Ergebnissen sein mag, ich glaube annehmen zu dürfen, daß das hier eingeschlagene Verfahren auch bei sonstiger Anwendung sich fruchtbar erweisen wird. Noch ist zur Lösung von Fragen wie derjenigen nach der Grundbesitzverteilung in der Karolingerzeit nur wenig geschehen. Selbst die fundamentalen Unterschiede zwischen den gallo-römischen und rein germanischen Verhältnissen werden nicht immer genügend beachtet, geschweige denn daß die Differenzen, die damals schon zwischen den einzelnen deutschen Landschaften bestanden haben müssen, eine ausreichende

[1] Veröffentlicht in den Jahrbüchern für Nationalökonomie und Statistik, herausgeg. von J. Conrad, 3. Folge, Bd. 21 (1901), S. 474 ff.; vergl. meine ausführliche Behandlung des Gegenstandes in Studien zu den älteren St. Galler Urkunden, Jahrbuch für Schweizerische Geschichte Bd. 26 (1901), S. 205 ff. und Bd. 27 (1902), S. 185 ff.

Würdigung gefunden hätten. Vielleicht können die folgenden Erörterungen dazu beitragen, daß den in so überwältigender Menge vorliegenden Zeugnissen für altdeutsche Zustände nicht mehr bloß von dem einseitigen Gesichtspunkt der Ortsnamenerklärung aus, oder höchstens der Entstehung des kirchlichen Großgrundbesitzes spezielle Aufmerksamkeit zuteil wird. Für Rheinfranken, die Mainlande und Bayern bieten die Lorscher, Fuldenser, Freisinger und andere Traditionen ein kaum minder wertvolles Material als die St. Galler für Alamannien.

Vom 13. Jahrhundert bis zur französischen Revolution ist die Agrarverfassung in ganz Westeuropa wesentlich stabil geblieben. Es war der Zustand, den man als den feudalen zu bezeichnen pflegt. Der Boden steht im Eigentum eines Grundherrn und wird von Bauern bestellt. Der Grundherr gehört dem Adelstande an, häufig ist aber auch eine Korporation Grundherr, eine Stadt, eine kirchliche Genossenschaft oder der Staat. Ob der Adlige wirklicher Eigentümer ist oder Lehensträger eines höheren, darauf kommt vom wirtschaftlichen Gesichtspunkte aus nicht viel an. Weitaus wichtiger ist, daß der Grundherr selbst die Bodenbestellung gar nicht oder nur in geringem Umfange betreibt; bloß im Osten ist, etwa seit dem 16. Jahrhundert, eigener Landwirtschaftsbetrieb der Grundherren in größerem Maßstabe die Regel geworden. Die Elbe bildet ungefähr die Grenzscheide zwischen den beiden verschiedenen Formen der Grundherrschaft. Westlich der Elbe beschränkt sich die Nutznießung des Grundherrn von seinem Gut fast ausschließlich auf die Zinse und Abgaben, welche ihm die Bauern leisten, also auf eine Grundrente. Die Besitzrechte der Bauern auf das Grundstück, das sie bewirtschaften, sind sehr mannigfaltige, vom festen erblichen Anrecht bis zur bloßen Zeitpacht abgestuft. Hörigkeit oder Leibeigenschaft der Bauern hat in manchen Gegenden bis zum Ausgang des 18. Jahrhunderts bestanden. Freie bäuerliche Eigentümer, die keinem Grundherrn unterstanden, gab es außer in den Hochalpen nur ganz vereinzelt.

Durchaus verschieden ist das Bild, welches man von den Agrarzuständen der germanischen Urzeit zu entwerfen pflegt. Man stellt sich die alten Germanen als ein Volk von Bauern vor. Der freie Mann saß auf eigener Scholle, die er selbst bearbeitete. Erhebliche Unterschiede in der Größe des Grundbesitzes waren nicht vorhanden. Was der einzelne besaß, seine Hufe, reichte gerade hin, ihn, seine Familie, vielleicht auch einige unfreie Knechte zu ernähren. Nur der wenig zahlreiche Uradel hatte größeren Grundbesitz.

Wie der spätere Zustand aus dem früheren entstanden ist, darauf gibt die herrschende Ansicht etwa folgende Antwort. Nachdem die deutschen Stämme in der Völkerwanderung vielfach neue Sitze eingenommen hatten, wurden sie von den Franken unterworfen. Alamannen, Bayern, Thüringer, Sachsen sind in das Frankenreich eingegliedert worden. Dabei fiel das herrenlose Land an den König, der es an seine Getreuen vergabte, zu Eigentum, später zu Lehen. Die Kirche erhielt reichlichen Anteil an solchen Vergabungen, viele Schenkungen flossen ihr zu von den Gläubigen, die um ihr Seelenheil besorgt waren. So entstand ein Großgrundbesitz, der in raschem Wachstum den kleinen aufgesogen hat. Das Zurückgehen des letzteren wurde beschleunigt durch den Druck, den die Institutionen der fränkischen Reichsverfassung ausübten. Der freie Hufenbesitzer war verpflichtet, dem Heerbann Folge zu leisten; er mußte zu den häufigen Gerichtstagen sich einfinden, er unterlag den hohen Bußen, die das Volksrecht verlangte. So verarmten die kleinen Freien; sie suchten Schutz bei den Großen, bei den weltlichen Grundherren, die als Grafen es in der Hand hatten, sie ihre Macht fühlen zu lassen, und vor allem bei den Kirchen, deren Besitzungen die Immunität gegen das Eingreifen der staatlichen Beamten verteidigte. In der Karolingerzeit ist dieser Umwandlungsprozeß vor sich gegangen. Am Anfang des 8. Jahrhunderts bestand noch die Hauptmasse des Volks aus freien Grundeigentümern, am Ende des 9. Jahrhunderts sind diese ganz oder großenteils verschwunden durch Aufgehen in die Grundherrschaften, wo sie mit den angesiedelten Unfreien und den Halbfreien zu dem Bauernstande verschmolzen.

Das ist die Auffassungsweise, die besonders auch von den deutschen Rechtshistorikern vertreten wird (Waitz, Brunner, Dahn, Schröder). Neuerdings hat sich dagegen von verschiedenen Seiten aus Widerspruch erhoben. Der französische Gelehrte Fustel de Coulange und der Engländer Seebohm betrachten den grundherrlichen Zustand als den ursprünglichen, zunächst allerdings für das galloromische Frankreich und für England seit der angelsächsischen Eroberung; aber sie übertragen ihre dort gewonnenen Ergebnisse auch auf deutsche Verhältnisse, deren grundsätzliche Verschiedenheit sie nicht anerkennen. Noch weiter geht neuerdings Wittich, gestützt auf eine Untersuchung der späteren Agrarzustände in Nordwestdeutschland oder Niedersachsen; er erblickt sogar in den Germanen des Tacitus Grundherren, die von den Zinsen ihrer Hörigen lebten, und stellt schlechthin in Abrede, daß es kleine freie Grundbesitzer von der Art, wie sie die herrschende Ansicht annimmt, jemals gegeben habe.

Mit der Frage nach der Grundbesitz verteilung berührt sich eng eine andere, welche mehr auf die technische Seite des Landwirtschaftsbetriebes Bezug hat. Die Dreifelderwirtschaft hat wohl mehr als ein Jahrtausend lang die Bodenkultur in ihren Fesseln gehalten. Die Grundzüge sind bekannt. Das Ackerland einer Dorfgemarkung zerfällt in drei Zelgen, bestimmt für den Wechsel zwischen Wintersaat, Sommersaat und Brache. Jede Zelge zerfällt in eine Anzahl Gewanne, die wieder durch parallele Streifen in Ackerbeete von etwa einem Morgen Größe geteilt sind. Zum Bauernhof im Dorfe gehören nicht etwa zusammenhängende Felder oder ganze Gewanne, sondern durchschnittlich je ein Acker in jedem Gewann. Die Pertinenz des Bauernhofes an Ackerland ist über die ganze Gewannflur ausgebreitet, sie unterliegt bei der Bestellung dem Flurzwang und nach der Ernte dem Anrecht der Nachbarn auf Stoppelweide. Außerhalb der Gemenglage befinden sich der eingezäunte Garten beim Gehöft, Spezialkulturen wie Weinberge, und vor allem das unbebaute Land, die gemeine Mark oder Almend, das ist Wald und Weide; daran hat jeder Hofbesitzer Nutzungsrechte. In den Flurkarten, die meist aus dem Ende des vorigen und dem Anfang unseres Jahrhunderts stammen, läßt sich die entsprechende Ausgestaltung der Dorfgemarkung erkennen, die ja seitdem durch Zusammenlegung der Äcker, auch Aufteilung der gemeinen Mark, vielfach geändert worden ist.

Eine weitverbreitete Anschauungsweise will nun die Flurkarten zu Rückschlüssen auf die Urzeit benutzen, auf die ursprüngliche Anlage der Dörfer bei der germanischen Ansiedelung, von der Voraussetzung ausgehend, daß in solchen grundlegenden Verhältnissen bis eben zu den modernen Neuerungen sich nichts wesentliches geändert haben könne. Diese Methode ist von Hanssen eingeführt worden. Neuerdings hat sie Meitzen in großem Maßstabe zur Anwendung gebracht in dem Werke: „Wandrungen, Anbau und Agrarrecht der Völker Europas nördlich der Alpen“. Die so gewonnenen Ergebnisse sind, abgesehen von mancherlei Modifikationen: Die Germanen der Urzeit kannten noch kein Privateigentum am Grund und Boden. Das zum Anbau bestimmte Land wurde alljährlich neu nach Geschlechtern und Sippschaften verteilt. Erst allmählich, im Laufe der Zeit, bildeten sich private Eigentumsrechte heraus, zunächst an Haus und Hof, sodann an den Äckern; im Gemeinbesitz blieb nur die ungeteilte Mark oder Almend.

Überreste des alten Agrarkommunismus sind der Flurzwang, Stoppelweide, Überfahrtsrechte, vor allem aber die eigentümliche Verteilung der Äcker in den Gewannen, die auf eine ursprüngliche Gleichheit des Besitzes aller Hofinhaber des Dorfes hindeute. Früher seien unter denselben die Anteile jährlich neu verlost worden, eine Sitte, deren Überreste man sogar noch in der Gegenwart auffinden wollte, in den rheinischen Gehöferschaften, doch hat sich das allerdings als Irrtum erwiesen. Jedenfalls wird die Hufe als das Normalmaß für den Besitz des freien Mannes angesehen. In der Größe von etwa 40 Morgen besteht sie aus Haus und Hof, Äckern in der Gewannflur und Anteil an der gemeinen Mark. Auch gegen diese ganze Auffassungsweise ist Widerspruch erhoben worden. Der schon erwähnte französische Gelehrte Fustel de Coulange leugnet, daß es Gemeinbesitz an der ungeteilten Mark schon im 8. Jahrhundert gegeben habe; er betrachtet vielmehr die Entstehung der Nutzungsrechte an derselben als eine Folge der grundherrlichen Entwickelung späteren Datums. Zu ähnlichen Schlüssen kommt Hildebrand in „Recht und Sitte auf den verschiedenen wirtschaftlichen Kulturstufen“, einem Werke, das freilich vielfach auf soziologischen Erwägungen beruht.

Zur Lösung historischer Fragen, wie der vorliegenden, gibt es meines Erachtens nur ein Mittel, das ist Prüfung der Quellen. Es mag verlockend scheinen, auf systematischem Wege vorzugehen, eine Entwickelungsreihe aufzustellen, der entsprechend die Dinge haben verlaufen müssen, und dann, mit vorgefaßter Meinung an die Quellen herantretend, in ihnen wiederzufinden, was man vorher als notwendig erwiesen zu haben glaubt. Eine derartige Methode führt niemals zu zuverlässigen Ergebnissen. Die Wirtschaftsgeschichte wie die politische kann historische Erkenntnis nur erschließen, wenn sie unter Verzicht auf spekulative Theorien sich begnügt, zu erkunden, wie die Dinge gewesen sind. Um dies zu erreichen, muß man aber mit der vorurteilsfreien Interpretation der Quellen anfangen, höchstens daß zur Erläuterung vorsichtige Rückschlüsse aus späteren, wohlbekannten Zuständen gestattet sind.

Nun steht es mit den Quellen folgendermaßen. Vom 13. Jahrhundert an sind Urkunden, Urbare, Weistümer, Akten in immer steigender Menge vorhanden. Die germanische Urzeit hingegen wird nur durch die Berichte des Cäsar und Tacitus einigermaßen aufgehellt, die folgenden Jahrhunderte sind völlig dunkel. Was sich für die Merowingerzeit aus den Volksrechten entnehmen läßt, ist mancherlei Interpretation fähig. Erst um die Wende des 7. und 8. Jahrhunderts beginnen die Urkunden, deren für die karolingische Epoche mehrere Tausende vorhanden sind. Das 10., 11. und auch noch 12. Jahrhundert sind wiederum verhältnismäßig arm an Urkunden, wenigstens an Privaturkunden, die für wirtschaftsgeschichtliche Untersuchungen vielfach wertvoller sind als die öffentlichen, die Kaiser- und Papsturkunden. Es trifft sich also recht günstig. In der Karolingerzeit soll die durchgreifende Umwälzung vor sich gegangen sein, die an die Stätte des kleinen den Großgrundbesitz setzte; gerade für diese Epoche mangelt es keineswegs an Quellen.

Die karolingischen Privaturkunden tragen ein durchaus einseitiges Gepräge. Die überwiegende Mehrzahl enthält Schenkungen an die Kirche. Aussteller ist der Geschenkgeber, Empfänger ein Kloster oder ein Bistum. Begreiflicherweise erscheinen die Urkunden deswegen besonders geeignet, über das Wachstum des kirchlichen Großgrundbesitzes Aufschluß zu geben, das dann allerdings ganz auffällig hervortritt. Indessen, mit der bloßen Addierung der Schenkungen ist wenig getan. Einmal schon, weil die Geschenkgeber oder Tradenten keineswegs immer sich ihres Rechts auf den geschenkten Grundbesitz völlig entäußern, vielmehr recht häufig die Nutznießung desselben unter verschiedenen Bedingungen sich vorbehalten. Es macht doch einen großen Unterschied aus, ob dem Empfänger der Schenkung der Ertrag des geschenkten Objekts ganz zufällt oder nicht. Die eigentümliche Organisation und Verwaltung des kirchlichen Großgrundbesitzes findet eine Erklärung in der Art seiner Entstehung. Noch wichtiger aber dürfte es sein, die Urkunden überhaupt von einem anderen Gesichtspunkte aus zu betrachten. Ich stelle die Frage nicht, wieviel hat die Kirche geschenkt erhalten, sondern was ist geschenkt worden und von wem. Sehe ich mir die Urkunden daraufhin an, so muß ich ja sofort in den Tradenten größere oder kleinere Gutsbesitzer, Grundherren oder Bauern, wiederfinden. Ich kann mich darüber vergewissern, wie der Grund und Boden vor Entstehung, wenigstens des kirchlichen Großgrundbesitzes verteilt war, und so die Frage lösen, die bisher doch noch immer zu Zweifeln Anlaß gibt.

Die Benutzung der Urkunden ist nicht so einfach, als es dem Prinzip nach scheinen mag. Das Material ist ein sehr lückenhaftes. Wir erfahren nur von den frommen Leuten, die ihr irdisches Gut dahingaben; von den weltlich gesinnten, die nicht an die Kirche schenkten, wissen wir wenig. Dazu kommt das Ungeschick der

Urkundenschreiber, die sich an feststehende Formulare hielten und dem Rechtsinhalt der Urkunde nicht stets den passenden Ausdruck verliehen haben. Vorbereitende Untersuchungen sind nötig, um die Urkunden verwendbar zu machen. Indessen, eben der Gesichtspunkt, den ich in den Vordergrund stellen möchte, der Schluß aus der Größe des tradierten Objekts auf den Besitz des Tradenten ist bisher nur vereinzelt zur Anwendung gebracht worden. Es verlohnt sich wohl, denselben systematisch zu verwerten. Erst mit Hilfe der Urkunden lassen sich auch die Angaben in den Gesetzen und Schriftstellern richtig würdigen.

Die St. Galler Urkunden, die ich im folgenden behandle, liegen in der trefflichen Edition von Wartmann vor. Die wertvollsten Erläuterungen dazu hat Meyer von Knonau gegeben, besonders in den St. Galler Mitteilungen zur vaterländischen Geschichte, Heft 13. Die dort beigefügten Karten erläutern die geographische Verteilung des St. Galler Grundbesitzes.

St. Gallen schreibt seinen Ursprung her vom h. Gallus (Anfang des 7. Jahrh.), dessen Einsiedlerzelle in der Waldwildnis am Ufer der Steinach auch nach seinem Tode der Sitz einer kleinen Kongregation von Geistlichen blieb. Klösterliches Leben scheint sich dort erst wenig vor der Mitte des 8. Jahrhunderts entfaltet zu haben, unter dem ersten Abt Otmar, der wegen seines frommen Lebenswandels und traurigen Endes später ebenfalls zu den Heiligen gerechnet wurde. Das Kloster stand unter dem Bistum Konstanz, ein Verhältnis, welches die Mönche als sehr drückend ansahen. Der entscheidende Schritt zur Befreiung geschah durch Ludwig den Frommen, 818, mit Verleihung der Immunität und wohl auch des Rechts der freien Abtwahl. Völlig gelöst wurde die Verbindung mit Konstanz erst später. St. Gallen war fortan ein königliches — reichsunmittelbares — Kloster.

Das Privileg der freien Abtwahl ist von den karolingischen Königen mehrfach verletzt worden; aber gerade die dem Kloster aufgedrungenen Äbte trugen mit am meisten zu seiner Blüte bei, so Grimald, der Kanzler Ludwigs des Deutschen, unter dem es die erste Schenkung von Königsgut erhielt, und Salomon III., der Bischof von Konstanz, dessen lange Regierung den Nachlebenden im verklärenden Schimmer der Erinnerung als das goldene Zeitalter St. Gallens erschien. Von den Herrschern hat sich keiner dem Kloster gnädiger erwiesen als Karl III., der gutmütige Schwabenkönig, dem ein verhängnisvolles Schicksal die Krone des wieder vereinigten Frankenreichs aufbürdete, die für ihn zu schwer war; aber auch der Zorn Arnulfs verrauchte schnell. Den Besuch, den Konrad I. dem Kloster abstattete, hat Ekkehard in lebhaften Farben geschildert.

Die Entwickelung St. Gallens unterscheidet sich nicht unwesentlich von derjenigen anderer großer Klöster. Nur allmählich ist es emporgekommen, die Gunst der Könige hat ihm spät gelächelt; den Höhepunkt erreichte es erst, als anderwärts in den Stürmen der Bürgerkriege und Normanneneinfälle Klosterzucht und Pflege der Wissenschaften dahinsanken. Bereits in der Verteilung der erhaltenen Urkunden auf die Epochen der Klostergeschichte kommt die wachsende Bedeutung St. Gallens zum Ausdruck. Es entfallen auf die Zeit

bis zum Tode Otmars, ca. 700—759 . . 22 Urkunden,
bis zur Erteilung der Immunität, 818 . . 193 „
bis Abt Grimald, 842 . . . . 124 „
unter Abt Grimald, 842—872 . . . . 173 „
bis Abt Salomon, 872—890 . . . . . 94 „
unter Abt Salomon, 890—920 . . . . 95 „

Im Jahresdurchschnitt zeigt sich das Verhältnis ganz deutlich, zunächst das Steigen von ungefähr $^4/_{10}$ pro Jahr auf $3^4/_{10}$, $5^4/_{10}$, der Höhepunkt unter Grimald mit 6, dann das Herabsinken auf $5^1/_2$ und $3^2/_{10}$. Etwa das gleiche ergibt die Verteilung der Urkunden auf die Regierungszeit der Könige. Der sehr geringen Ziffer des Jahresdurchschnitts vor Pippin (noch nicht $^1/_4$) stehen bis Ludwig den Deutschen stets wachsende Zahlen gegenüber, unter Pippin ca. $2^3/_{10}$, Karl dem Großen $3^1/_{10}$, Ludwig dem Frommen $5^4/_{10}$, Ludwig dem Deutschen $5^7/_{10}$. Das Sinken beginnt mit Karl III. $5^2/_{10}$, dann Arnulf $3^9/_{10}$, Ludwig das Kind $3^7/_{10}$, Konrad I. 2. Die Abweichungen bei Berechnung nach einem 20jährigen Durchschnitt sind nicht erheblich. Das Sinken gegen Ende der Karolingerzeit tritt hier ebenfalls hervor und wird noch deutlicher, wenn man die Königsurkunden außer Betracht läßt, die, je tiefer herab, um so häufiger werden.

Das Verhältnis ist bei anderen Klöstern nicht das gleiche. Die überwiegende Mehrzahl der Lorscher Urkunden stammt aus den letzten Jahren Pippins, unter dem Lorsch erst gegründet wurde, und aus der Zeit Karls des Großen. Zur Zeit des ersten fränkischen Kaisers erfuhr auch der Urkundenvorrat des Klosters Weißenburg im Elsaß das erheblichste Wachstum. Man könnte einwenden, ein Zufall verursache diese Erscheinung, die übrigen Urkunden sind eben verloren. Indessen bei Lorsch ist ein solcher Zufall fast ganz ausgeschlossen. Wenn auch die Zusammensteller des Kopialbuchs, das die Urkunden enthält, eine bestimmte Gattung ganz weggelassen haben, in bezug auf die übrigen haben sie nach Vollständigkeit gestrebt, und viel mehr als 3600 Urkunden — so viel beträgt etwa die Zahl der überlieferten — sind wohl überhaupt für Lorsch nicht ausgestellt worden.

Was St. Gallen betrifft, so fehlt jede Gewähr dafür, daß alle Urkunden des Klosters uns noch vorliegen. Es ist sogar recht wahrscheinlich, daß viele verloren gegangen sind.

Betreffs der schon angestellten und der noch folgenden Berechnungen ist stets der Vorbehalt zu machen, daß bei vollständiger Erhaltung des Materials das Ergebnis ein anderes sein könnte; ich glaube aber nicht, daß die Abweichungen bedeutend genug wären, um mit Vorsicht gezogene Schlüsse Lügen zu strafen. Dafür ist denn doch die Anzahl der noch vorhandenen Urkunden zu beträchtlich, und die Übereinstimmung der Resultate mit anderen Zeugnissen gibt die Gewähr, daß nicht schlechthin Zufälligkeiten eine Täuschung hervorrufen.

Für die Einteilung der St. Galler Urkunden nach sachlichen Gesichtspunkten bieten den besten Anhalt die aus dem Kloster selbst stammenden Formelsammlungen, welche die Muster enthalten, nach denen die Urkunden geschrieben worden sind. Danach lassen sich unterscheiden: freie Schenkungen, bedingte Schenkungen, bedingte Schenkungen mit Rückkaufvorbehalt, Tauschurkunden, Kaufurkunden und einige wenige andere, die sich in diesen Rubriken nicht unterbringen lassen.

Als freie Schenkungen sind diejenigen zu betrachten, kraft deren das geschenkte Objekt vom Tage der Rechtshandlung an in Eigentum und Besitz des Klosters übergeht. Von 647 Privaturkunden, die für St. Gallen ausgestellt sind, enthalten nur 72 freie Schenkungen. Weit höher ist die Zahl der bedingten Schenkungen, bei denen der Tradent sich vorbehält, daß das geschenkte Gut an ihn oder auch an seine Erben wieder verliehen wird, fast immer gegen die Verpflichtung zur Entrichtung eines Zinses an das Kloster. Unter Einberechnung der Urkunden, die nur über die Wiederverleihung aussagen, und derjenigen, die dem Kloster Verpflichtungen gegen den Tradenten auferlegen, sind 320 bedingte Schenkungen vorhanden. Die Erlaubnis zur Auflösung des auf diese Weise eingegangenen Zinsverhältnisses wird in 126 Urkunden ausdrücklich vorbehalten. Die Zahl der Tauschurkunden beträgt 91, die der Kaufurkunden nur 5, sonstige 33. Nicht unmittelbar auf St. Gallen bezügliche Privaturkunden finden sich im Wartmannschen Urkundenbuch 32, davon nur 6, die mit Kirchen und deren Besitzungen überhaupt nichts zu tun haben; außerdem 39 Urkunden aus Kurrätien. Die Zahl der Königs- und Kaiserurkunden, deren Empfänger St. Gallen ist, beläuft sich auf 50. Von den anderen 24 Königs- und Kaiserurkunden St. Galler Herkunft sind je 12 für weltliche und für geistliche Empfänger ausgestellt. Vorhanden sind noch 1 Fragment einer Herzogsurkunde und 2 Papsturkunden zweifelhafter Echtheit. Die Gesamtzahl der in Betracht kommenden Urkunden bei Wartmann Bd. 1, 2 und im Anhang zu Bd. 3 beläuft sich auf 812.

Faßt man die für St. Gallen ausgestellten Privaturkunden aus je 2 Jahrzehnten zusammen, so zeigt sich ein fast ununterbrochenes Abnehmen der freien Schenkungen, dem Prozentsatz nach und selbst numerisch. Die bedingten Schenkungen erreichen im ersten Drittel des 9. Jahrhunderts einen gewissen Höhepunkt, von dem sie weiterhin herabsinken; etwas später kulminieren die Schenkungen mit Rückkaufvorbehalt, zuletzt die Tauschurkunden. Je weniger der unmittelbare Besitz des Klosters durch die Art der Schenkung vergrößert wird, um so später erreicht die betreffende Urkundengattung ihren numerischen Höhepunkt. Daraus ist zu schließen, daß im 9. Jahrhundert der fromme Eifer erheblich abnahm, der die Grundbesitzer antrieb, ihr irdisches Gut dahinzugeben, um das Seelenheil zu gewinnen. Ein wenig mag auch die Konkurrenz anderer, jüngerer Klöster in Betracht kommen. Abweichungen gegen Ende der Periode dürften auf die Wirksamkeit des Abtbischofs Salomon zurückzuführen sein, von dessen Bemühungen um Vermehrung des Klostergutes Ekkehard berichtet. Auf allgemeine Verarmung als Ursache für die Verminderung der Schenkungen läßt sich nicht ohne weiteres schließen. Sonst könnten ja nicht gerade am Ende der Epoche die Schenkungen noch eine verhältnismäßig hohe Ziffer erreichen. Anderwärts, so in Freising und Regensburg, zeigt sich, daß nach der Mitte des 9. Jahrhunderts die Schenkungen an die Kirchen beinahe ganz aufhörten und diese nur noch durch Vertauschungen ihren Besitz arrondierten. In St. Gallen übertrifft die Zahl der Tauschurkunden zu keiner Zeit diejenige der Schenkungen, ein Zeichen, daß das Kloster seinen Einfluß auf die Gemüter besser zu bewahren wußte.

Das Gebiet, aus dem die Traditionen nach St. Gallen zusammenflossen, ist ein weit ausgedehntes. Allerdings erstreckte sich die Einflußsphäre des Klosters fast nur über alamannische Landstriche.

Wenn dem h. Bonifacius zu Fulda alle deutschen Stämme ihre Verehrung bezeugten, den h. Gallus haben nur die Bewohner der benachbarten Gaue mit Gaben bedacht, aber diese auch reichlich. Am dichtesten gesät sind die Ortschaften, aus denen Grundbesitz nach St. Gallen tradiert wurde, im Hügelland der Nordostschweiz, vom Zürichsee an, in den Tälern der Thur und ihrer Nebenflüsse, sowie am Bodensee. Nach dem oberen Laufe des Rheins und der Schweizer Hochebene erstrecken sich nur Ausläufer. Ebenfalls schwächer vertreten ist die Gegend am Rhein zwischen Konstanz und Basel nebst dem Südabhang des Schwarzwaldes. Dagegen drängen sich die Orte wieder dicht zusammen am Nordufer des Bodensees und landeinwärts bis ins Allgäu. Weiter auseinandergezogen, jedoch auffällig zahlreich, erscheinen St. Galler Besitzungen im Quellgebiet der Donau und am oberen Neckar, ferner im Breisgau. Die ungleichmäßige Verteilung ist offenbar hervorgerufen durch die Kreuzung der St. Galler Einflußsphäre mit derjenigen anderer Klöster, Kempten im Osten, Reichenau und auch Rheinau im Westen. Von den 647 unmittelbar auf St. Gallen bezüglichen Privaturkunden betreffen Örtlichkeiten des Thur-, Arbon- und Zürichgaus 347, solche des Linz-, Argen-, Nibel- und Alpgaus (nordöstlich vom Bodensee) 106, der Baar (obere Donau und Neckar) 62, des Breisgaus 40, des Hegau, Klettgau, Albgau und Eitrahuntal 34, Aar- und Augstgau 9, Rheingau und Rhätien 17, Folcholtsbaar etc. 19, unbestimmt 13.

Bemerkenswert ist die Veränderung, welche im Laufe der Zeit das Zahlenverhältnis der aus den verschiedenen Gauen herrührenden Urkunden erfährt. Der Thurgau, der mehr als die Hälfte der Urkunden aufzuweisen hat, bleibt zu Anfang erheblich hinter dem Durchschnitt zurück, später übersteigt er denselben nicht unwesentlich; ähnlich steht es dem Prozentsatz nach mit den Gauen nördlich vom Bodensee, umgekehrt verhalten sich Baar und Breisgau. Man darf daraus wohl auf eine Verkleinerung der Einflußsphäre des Klosters schließen, die Anziehungskraft St. Gallens auf die Bewohner der Baar muß im 9. Jahrhundert erheblich nachgelassen haben; Abtbischof Salomon fand für seine Erwerbspolitik nur noch im Thurgau geeigneten Boden.

Betrachtet man die Verteilung der Urkundengattungen auf die Gaue, so ergibt sich in der Hauptsache eine Bestätigung der schon früher gewonnenen Ergebnisse. Die an Zahl niemals beträchtlichen freien Schenkungen nehmen überall gleichmäßig ab, bedingte Schenkungen, Schenkungen mit Rückkaufvorbehalt und Tauschurkunden erreichen nacheinander ihren Höhepunkt.

Über die soziale Gliederung der Bevölkerung auf alamannischem Stammesgebiet ergeben die St. Galler Urkunden etwa folgendes: Rechtlich sind zwei Klassen zu unterscheiden, die Freien und die Unfreien. Halbfreie, fränkisch Liten, sächsisch Laten, bayerisch und langobardisch Aldionen, werden in den St. Galler Urkunden nicht genannt. Ebensowenig tritt ein von den Gemeinfreien scharf gesonderter Adelstand auf. Immerhin werden Unterschiede unter den Freien gemacht; es finden sich Erwähnungen der ersten, mittleren und übrigen. Als Freie sind all die zahlreichen Persönlichkeiten anzusehen, die von ihrem Eigengut an das Kloster tradieren, und die in den Urkunden als Zeugen genannt werden. Die Unfreien. servi oder mancipia, sind noch gutenteils als Sache behandelt, wie Sklaven. Sie werden verschenkt, vertauscht und selbst verkauft. Die Unterschiede unter den Unfreien folgen aus ihrer Verwendung durch den Herrn, der sie als servi domestici in seinem Haushalt beschäftigt oder ihnen als servi casati ein Stück Land zu selbständiger Bebauung überläßt. Zins und Dienste, welche die servi casati der Kirche jährlich leisteten, sind durch die lex Alamannorum titel 21 gesetzlich fixiert auf 15 sicle Bier, 1 Ferkel im Wert von $^1/_3$ solidus, 2 Scheffel Brot, 5 Hühner, 20 Eier, außerdem 3 Tage in jeder Woche Frondienst.

Im Betriebe der Landwirtschaft hat also der Freie und der Unfreie seine bestimmte Stellung. Der Freie ist der Betriebsleiter, der nach eigenem Ermessen sein Gut bewirtschaftet, soweit er nicht etwa durch die üblichen Normen der Dreifelderwirtschaft gebunden ist. Die Unfreien sind die Arbeitskräfte, denen eine passive Rolle zukommt. Das gilt natürlich in erster Linie von den servi domestici, die unbegrenzte Dienste leisten; aber auch die servi casati sind in einen fremden Wirtschaftsorganismus eingegliedert, der Herr verfügt über ihre Arbeitsleistungen an den Frontagen. Gleich den servi casati gehört eine Gattung von Freien zur grundherrlichen Gutsverwaltung, die accolae, das sind freie Leute, die gegen Zins und Dienst Land zur Bebauung übernommen haben.

Ich kann nun gleich hier sagen, weswegen ich die Ansicht, welche schon in den alten Germanen Grundherren erblickt, für verfehlt betrachten muß. Ganz einfach deswegen, weil sie von der Voraussetzung ausgeht, jeder freie Mann habe so großen Besitz gehabt, daß er damit servi casati oder auch accolae ausstatten konnte. Die St. Galler Urkunden zeigen allerdings, daß es Grundherren gegeben hat, die über servi casati oder accolae und das an solche ausgetane Gut verfügten. Meist werden aber mancipia (Unfreie) als Pertinenz des tradierten Grundbesitzes nicht erwähnt, accolae kommen überhaupt nur selten vor. Wenn die Mancipien von der Tradition ausgeschlossen sind, so wird das ausdrücklich gesagt. In dem Gebiet, auf das die St. Galler Urkunden sich beziehen, ist bei weitem nicht jeder freie Mann in der glücklichen Lage gewesen, als Grundherr von den Abgaben seiner Hintersassen zu leben.

Andererseits kann ich aber nicht der Ansicht mich anschließen, welche in der Hufe das Normalmaß für den Grundbesitz des freien Mannes erblickt. Würde das der Fall sein, so hätten die Urkundenschreiber sehr leichte Arbeit gehabt; sie brauchten den Tradenten dann immer nur sagen zu lassen: ich tradiere meine Hufe an dem und dem Ort in dem und dem Gau. Diese Ausdrucksweise wird aber nicht angewandt; es heißt vielmehr, z. B. No. 77 von 775: Ich Cundhoh und meine Gattin Boazilana schenke alles, was ich habe, das ist im Zürichgau im Dorfe Eschenbach (nördlich vom oberen Zürichsee) Haus und geschlossenes Gehöft mit Nebengebäuden und Viehbestand, Felder, Wald, Wiesen, Weiden, Wege, Wasser und Wasserläufe, alles, was gesagt oder genannt werden kann. Hätte Cundhoh eine Hufe besessen, oder mehrere, oder auch nur einen Teil einer Hufe, so hätte doch nichts näher gelegen, als diesen Tatbestand anzugeben. Die Hufe als feststehende Maßeinheit ist den St. Galler Urkundenschreibern wohl bekannt, so z. B. No. 18 von 754. Rothpald tradiert unter anderem „servum meum nomine Nandeng et oxorem eius Bruna et cum oba sua et cum omnia, quo vestiti sunt, et alium servum meum nomine Wolfarium cum uxore sua Atane cum oba sua et cum omnia, quo vestitus est“. Hier finden sich also zwei unfreie Ehepaare, deren jedem von ihrem Herrn, Rothpald, eine Hufe verliehen worden ist.

Ich will die Belegstellen nicht häufen. Soviel ich aus den St. Galler und auch anderen Urkunden entnehmen kann, ist die Ansicht, die einst Waitz in der Abhandlung über die altdeutsche Hufe ausgesprochen hat, gerade umzukehren. Waitz meinte, ursprünglich habe jeder freie Mann eine Hufe besessen, erst im Laufe der Zeit seien bei Vereinigung mehrerer Hufen in einer Hand solche mit servi casati oder accolae besetzt worden. Ich finde im Gegenteil: Unfreier oder abhängiger Bebauer und Hufe gehören zusammen, das Eigengut, das der freie Mann selbst oder mit Hilfe von servi domestici bestellt, wird nicht Hufe genannt.

Die Hufe ist ein Bestandteil der grundherrlichen Wirtschaftsorganisation; freie Leute, die nicht Grundherren sind, haben keine Hufen. Was sie besitzen, wird in den Urkunden meist ohne Maßbestimmung angegeben. In dem oben angeführten Beispiel tradiert Cundhoh nicht etwa 30 Morgen Acker, 10 Morgen Wiesen und dergl., sondern alles, was er in Eschenbach hat, Haus und Hof, Acker, Wiesen, Weiden, Wald etc. Die Pertinenzformel der Urkunden gibt nur an, welcherlei Objekte das Zubehör des Gutes bilden, sie sagt nicht, wie groß dasselbe ist. Daß alle Güter, die nicht näher beschrieben werden, gleichgroß waren, ist höchst unwahrscheinlich, schon weil die Pertinenzformeln in der Aufzählung der Objekte voneinander abweichen. So No. 76, vom gleichen Tage wie die mehrfach erwähnte No. 77: Emthrud und ihr Sohn Gaerwin schenken all ihren Besitz, nämlich in Hroadgisinchova (jedenfalls in der Nähe von Uster gelegen) Haus und Hof, Viehbestand, Feld, Wald, Wiesen, Weiden, also wie in No. 77, aber auch mancipia, sowie Garten und mit Obstbäumen bestandenes Land (pumiferis, ortiferis).

Betreffs der Erklärung der Pertinenzformel schließe ich mich der herrschenden Ansicht an, auch wenn dieselbe von dem mißverstandenen Begriff der Hufe ausgeht. Es sind drei Teile zu unterscheiden: Einmal die Ausdrücke, die sich auf das Gehöft im Dorf beziehen, „casa, curte clausa, cum domibus, edificiis", das ist das Herrenhaus mit Nebenräumlichkeiten, Wohnungen für Unfreie, Ställe, Scheuern und dergl. Zweitens kommt in Betracht das Ackerland in der Gewannflur, agris, campis, die Wiesen und Spezialkulturen, Weinberge, Obstgärten, falls solche vorhanden waren. Drittens wird in der Pertinenzformel das Anrecht an der ungeteilten Mark erwähnt, an dem Wald, den Weiden, den stehenden und fließenden Gewässern.

Gegen diese Erklärung der Pertinenzformel ließe sich nun der Einwand erheben, daß es doch auffällig wäre, wenn die verschiedene rechtliche Qualität der Objekte in der fortlaufenden Aufzählung gar nicht erwähnt würde. Haus und Hof befinden sich im Sondereigentum des Besitzers, das Ackerland ist dem Flurzwang und der Stoppelweide unterworfen, Wald und Weide stehen im Gemeinbesitz der Nachbarn. Gleichwohl kann die Interpretation nicht unrichtig sein. Setzt man voraus, die rechtliche Qualität der Objekte sei durchgehends die gleiche, so sind nur zwei Möglichkeiten vorhanden: entweder sind alle aufgezählten Gegenstände von verschiedener wirtschaftlicher Nutzbarkeit volles Privateigentum, oder sie befinden sich in Gemeinbesitz. Letzteres ist ausgeschlossen, weil für Haus und Hof ganz undenkbar, aber auch ersteres ist nicht möglich. Wald, Weide, Wasserläufe sind in den Pertinenzformeln der Urkunden fast regelmäßig genannt. In wieviel Teile hätten die Gewässer zersplittert werden müssen, damit jeder Hof seinen besonderen Anteil an denselben erhielt. Ebenso ist eine so starke Parzellierung von Wald und Weide undenkbar, obgleich natürlich einzelne Stücke Wald gelegentlich auch in Sondereigentum übergegangen sind. Überdies ist doch auch in der Ausdrucksweise der Urkunden angedeutet, daß das tradierte Gut einen Komplex verschiedenartiger Bestandteile bildete; es heißt nicht „quicquid habeo“, was ich besitze in der und der villa, sondern „quicquid habere videor“, was mir zusteht, also das Sondereigentum und der Anteil am Gemeinbesitz, an der ungeteilten Mark.

Es sind nun zwei Umstände, die es verhindern, aus den Urkunden genaue Angaben über die Größe des Grundbesitzes der Tradenten zu gewinnen. Einmal bewegt sich die Beschreibung der Güter vielfach in den geschilderten allgemeinen Ausdrücken und entbehrt der bestimmten Maßangaben. Sodann ist nur in sehr wenigen Urkunden ausdrücklich gesagt, daß der Aussteller über all seinen Grundbesitz verfügt; etwas häufiger wird angegeben, daß er nur etwas von seiner Habe tradiert; meist bleibt es unbestimmt, ob es sich um alles oder einiges handelt.

Gerade dieser Umstand ist bisher nicht ausreichend beachtet worden. Daß alles geschenkt wird, läßt sich nur aus Ausdrücken entnehmen, wie eben in No. 77: Ich Cundhoh mit meiner Gattin Boazilana habe beschlossen, für unser Seelenheil „omnem possessiunculam nostram“ an das Kloster St. Gallen zu schenken, was wir auch getan haben, „et hoc est quod donamus“, folgt die Angabe über das Gut. Fraglich kann schon sein, ob es sich um allen Grundbesitz des Tradenten handelt, z. B. in No. 284 von 824: Ich Freddo tradiere an Kloster St. Gallen, was mir mein Vater Petto hinterlassen hat im Dorfe Namens Gossau. Die Ausdrucksweise schließt hier nicht aus, daß Petto auch anderwärts als in Gossau Besitz hatte, sei es als Erbschaft vom Vater oder anderweitig erworben. Immerhin würde ich diesen Freddo nicht als Großgrundbesitzer ansehen. Unter dem Zubehör des Gutes in Gossau, das er tradierte, fehlen Mancipien. Es ist aber undenkbar, daß große Güter ohne Unfreie bestellt werden konnten. Sollte also auch Freddo in der Nachbarschaft von Gossau noch einige Äcker besessen haben, ein reicher Mann nach den Begriffen der Zeit war er nicht, wie er sich denn auch vom Kloster die Gewährung von Lebensunterhalt als Gegenleistung ausbedingt. Am häufigsten ist eine Ausdrucksweise, wie etwa in No. 120, 789: Ich Pratolt tradiere „quicquid de meo iure in Sehaim visus sum habere“, oder No. 686, 892: Wolfrid erhält wiederverliehen, was er tradiert hat, nämlich „quicquid proprietatis hodierna die visus est habere in Turbatuntale“. Ausgeschlossen ist es niemals, daß der Tradent auch anderwärts Besitz hatte, so der Kleriker Vunolf, No. 138, 795, der tradiert, alles was er in Degerschen hat, und das nennt der Tradent hier ausdrücklich „aliquit te rem mea“, etwas von seinem Grundbesitz.

Der Schluß aus dem Fehlen der Unfreien auf die relative Kleinheit des Besitzes ist nicht unbedingt zuverlässig. Es gibt auch Urkunden, in denen Besitz an mehreren Orten erwähnt wird, und doch Mancipien in der Pertinenzformel fehlen; meist fehlt freilich in solchen Fällen die Pertinenzformel, so daß über das Vorhandensein von Unfreien nichts bestimmtes ausgesagt werden kann.

Um eine Übersicht über den Grundbesitzbestand der Tradenten, der sich aus den St. Galler Urkunden ergibt, zu gewinnen, habe ich folgenden Weg eingeschlagen. Ich stelle nach Gauen geordnet zusammen: einmal die Urkunden, in denen alles, etwas oder ein unbestimmter Teil des Besitzes in Frage kommt. In jeder dieser drei Rubriken mache ich wieder 5 Unterabteilungen. Ich vereinige jeweils die Fälle, in denen verfügt wird über allen Besitz des Tradenten 1. an einem Ort ohne Mancipien, 2. an einem Ort mit Mancipien, 3. an mehreren Orten ohne ausdrückliche Erwähnung von Unfreien, 4. an mehreren Orten mit Unfreien, 5. endlich sondere ich die Fälle aus, in denen sich bestimmtere Maßangaben nach Morgen, Hufen etc. finden. Dic zahlenmäßigen Ergebnisse sind natürlich mit größter Vorsicht aufzunehmen; ich glaube aber nicht, daß sie für ganz unbrauchbar angesehen werden dürfen. Auffällig ist schon die Differenz zwischen den verschiedenen Gauen. Im Thurgau findet sich in 192 Fällen Grundbesitz an einem Ort ohne Unfreie, in 37 Fällen ebenso mit Unfreien, nur in 25 Fällen an mehreren Orten mit Mancipien; ähnlich im Verhältnis in den Gauen nördlich vom Bodensee 52, 12 und 7. Dagegen in der Baar 13, 23 und 12, im Breisgau 10, 7 und 9. Der Schluß dürfte nicht allzu gewagt sein, daß in der Nordostschweiz die kleinen Grundeigentümer zahlreicher und die Unfreien seltener gewesen sind als in der oberrheinischen Tiefebene und in den nördlichen Gegenden Schwabens.

Immerhin ist noch eins zu beachten: Im 9. Jahrhundert vermindert sich die Zahl der Traditionen, die Mancipien einschließen, ganz auffällig. Das Verhältnis ist im Thurgau für allen Besitz an einem Ort ohne und mit Mancipien 761—80: 6 zu 11, 781—800: 9 zu 2, 801—20: 8 zu 6, dann aber 821—40: 45 zu 10, 841—60: 30 zu 1, 861—80: 40 zu 0, 881—900: 25 zu 0, 901—20: 27 zu 4, ähnlich in den Gauen nördlich vom Bodensee. Aus Baar und Breisgau sind für die späteren Zeiten des 9. Jahrhunderts wenig Urkunden vorhanden. Man könnte annehmen, es habe dort ein ähnlicher Rückgang in der Zahl der Unfreien stattgefunden, wie er für den Thurgau und die Bodenseegegend wahrscheinlich ist, doch müssen in der Baar vorher schon mehr Unfreie vorhanden gewesen sein. Das Zahlenverhältnis für die gleichen Kategorien ist 761—80: 3 zu 5, 781—800: 2 zu 8, 801—20: 4 zu 5, dann 2 zu 2, 1 zu 2. Im Breisgau ist die Zahl der Urkunden überhaupt sehr klein, doch beziehen sich z. B. alle 4 Urkunden aus den Jahren 741—760 auf Grundbesitz an mehreren Orten mit Mancipien.

Jedenfalls ist die grundherrliche Ansicht in ihrer Allgemeinheit mit den gewonnenen Ergebnissen unvereinbar. Es ist völlig ausgeschlossen, daß jeder freie Mann ein Grundherr war; aber es bestanden in dem numerischen Verhältnis der Grundherren zu den Nicht-Grundherren zwischen verschiedenen Gegenden erhebliche lokale Differenzen. Gerade die Nordostschweiz ist das Land, wo wahrscheinlich sogar die Mehrzahl der Bevölkerung aus kleinen freien Grundbesitzern sich zusammensetzte. Anderwärts hat schon in der Karolingerzeit der Großgrundbesitz überwogen und damit zugleich die Zahl der Unfreien, der servi casati, so im Elsaß, wie die Weißenburger Urkunden zeigen, und in den fränkischen Mainlanden nach den Fuldenser Urkunden. Dagegen war in Rheinfranken, dem alten Worms- und Lobdengau, der Grund und Boden noch weit stärker unter vollfreie unabhängige Besitzer zersplittert, als selbst in der Nordostschweiz.

Zur Ergänzung der bisher gewonnenen Ergebnisse ist es zweckmäßig, auf die speziellen Verhältnisse einzelner Großgrundbesitzer und einzelner Ortschaften einzugehen. Ich kann hier nur die Behandlungsweise andeuten. Was die Großgrundbesitzer betrifft, so decken sich dieselben natürlich mit den hervorragenden Persönlichkeiten des Landes, den Inhabern der Grafenwürde, den Vorfahren der späteren Freiherrngeschlechter. Es kommt wesentlich darauf an, zu erkennen, inwieweit verwandtschaftliche Zusammenhänge zwischen den Personen nachweisbar sind, sonst bleiben die aus den Urkunden entnommenen Daten isoliert. Wie das geschehen kann, will ich an einem Falle zeigen.

Aus der St. Galler Klostergeschichte ist der Mönch Iso bekannt. Verfasser der Schrift von der Translation und den Wundern des h. Abts Otmar. Bruder des Iso ist Luto, der all sein Erbgut im Thurgau ans Kloster übertrug, ausgenommen Besitz zu Krummbach und Zihlschlacht, in der Gegend der mittleren Thur gelegen, No. 539, 568. Luto ist der Sohn des Erimbert und der Waltarada, auch sein Vetter heißt Erimbert. Dieser ist offenbar mit dem gleichnamigen Tradenten in No. 509 und 510, 865 identisch, von dessen Besitz im Thurgau allerdings nur ein nicht sicher nachweisbarer „Buchberg" genannt ist. In No. 509 erscheinen als erbberechtigte Angehörige des Erimbert Thioto, Luto und Bono. Bono hat Besitz in Zihlschlacht, auch in Weinfelden und anderwärts im Thurgau nach No. 540, 568; als sein Vetter ist hier Erimbert genannt, als sein Bruder Luto. Dieser Luto, Bruder des Bono, kann nicht mit dem Bruder des Mönchs Iso identisch sein, denn Bono ist der Sohn des Bono und der Hiltimota; aber die Verwandtschaft der beiden Luto ist wohl sicher. Es kehren eben in derselben Sippe die gleichen Namen wieder, so Bono, Vater und Sohn, Erimbert. Vater und Vetter des einen Luto. Da verlohnt es sich, den Namen Iso weiter zu verfolgen. In No. 86, 779 tradiert ein Hiso. Sohn eines Luto, mit seinem Sohn Hatti all seinen Besitz an St. Gallen, nämlich an acht Orten, zu Rickenbach, Matzingen. Degerschen etc. In dieser Gegend ist gleichzeitig ein Iso als Zeuge öfters nachweisbar, auch erscheint 791, No. 128, ein Yso als Klostervogt zu Züberwangen.

In No. 116, 788 überträgt Petto unter anderem alles, was Hiso in Zuckenried von ihm zu beneficium hat. Ich glaube, diese Urkunde gibt Aufschluß über die soziale Stellung des Geschlechts der Isonen. Petto, der Lehnsherr des Iso, dürfte einem gräflichen Hause angehören. Er war auch in Glattburg begütert, ein älterer Petto hat 731 oder 736, No. 6, eine Übertragung zu Glatt gemacht. Dieser letztere Petto war Bruder der Grafen Airicus, Bertericus und des Thurgaugrafen Pepo. Die Namensgleichheit und Identität der Gegend, in der die beiden Petto a n s e h n l i c h begütert sind, läßt auf ihren verwandtschaftlichen Zusammenhang schließen. Für die Isonen würde sich daraus ergeben, daß ihre weitverzweigte Sippe es nicht verschmäht hat, das Eigengut durch Empfang von Benefizien zu vermehren. Auch bei den Übertragungen an St. Gallen verfolgen sie wohl den Zweck, dafür mit Ämtern und Lehen belohnt zu werden, während zugleich ein und das andere Mitglied des Geschlechts im Kloster selbst Aufnahme findet. Ein ganz ähnliches Verhältnis hat für die Notkers und Otheres von Jonswil Meyer von Knonau im Jahrbuch für Schweizer Geschichte Bd. 2, S. 103 ff. nachgewiesen.

Die Eigentümlichkeit des größeren Grundbesitzes, die sich mit voller Klarheit aus den Urkunden ergibt, ist seine Streulage. Jeder Grundherr hat an mehreren Orten Besitz. Ganze Dörfer, die einem Herrn gehört hätten, finden sich dagegen kaum vor. Zu nennen wäre etwa „Deozincova", Diessenhofen am Rhein. Dieser Weiler (vilare) wird von Presbyter Lazarus 757, No. 20, ans Kloster geschenkt, offenbar ganz. Es gehören dazu eine Kirche, Haus mit Nebengebäuden, Unfreie, Land, Wiesen, Wald etc. Indessen dürfte es sich hier um einen Einzelhof handeln, der mit der Kirche gegründet worden war, und zwar in der Mark des wenig südlich gelegenen Willisdorf. In No. 619, 882 ist ausdrücklich gesagt, daß die Mark von Willisdorf bis in die Mitte des Rheins sich erstreckte.

Für die eigentlichen Dörfer ist als Regel anzunehmen, daß an der Ackerflur und der gemeinen Mark eine Anzahl freier Grundeigentümer Anteil haben, größeren oder kleineren, den sie eigenhändig oder durch Unfreie bewirtschaften. In den Weilern oder Einzelhöfen, die gerade in der Nordostschweiz sehr zahlreich sind, finden sich naturgemäß weniger Anteilhaber als in den größeren Dörfern. Viele Einzelhöfe dürften durch einen Herrn angelegt sein, etwa mit Hilfe von unfreien Arbeitskräften. Bei Erbteilungen zerstückelte sich der Besitz, manche Bestandteile wurden veräußert. Durch Anlegung neuer Gehöfte konnte sich der Einzelhof zum Dorf auswachsen, worauf dann wohl auch eine Markteilung vorgenommen wurde.

Um ein Beispiel für die Behandlung einzelner Ortschaften zu geben, will ich auf Uznach eingehen, das schon in sehr früher Zeit erwähnt wird. Dort war Beata begütert, eine sehr fromme Dame, die ihren reichen Besitz am oberen Zürichsee und im Tößgebiet der Kirche schenkte. Nach No. 7 von 741 gehörten ihr zu Uznach 8 homines, Land und Wald. In diesen homines sind accolae zu erblicken, also Freie, die auf dem der Beata gehörigen Grund und Boden saßen. Der Ausdruck acolabis findet sich in der Pertinenzformel der Urkunde No. 10, die von Beata in bezug auf Uznach und andere Orte ausgestellt ist. St. Gallen wurde später des Besitzes in Uznach beraubt, der zum Königshof Zürich geschlagen wurde. Kaiser Ludwig der Fromme ordnete die Rückgabe an. No. 263, 821. In der Kaiserurkunde ist die Rede davon, daß Beata oder Pieta und ihr Sohn die villa Uznach dem Kloster geschenkt hatten. Danach könnte es scheinen, ganz Uznach habe einst der Beata gehört; davon war aber in den Schenkungsurkunden nicht die Rede, und auch in einer Aufzeichnung, Anhang No. 19, über Zeugenvernehmungen, die augenscheinlich der Restitution vorangingen, heißt es nur „de Uzinacha, quod Lantolt et Pieta habuerunt", dagegen „Luzilunavia tota". Sonach muß die Ausdrucksweise der Kaiserurkunde ungenau sein. Uznach war nicht ein grundherrliches Dorf; neben dem Besitz der Beata, später St. Gallens, gab es dort noch freie Eigentümer, und von solchen gingen andere Traditionen an St. Gallen aus, zwei von Frauen, Diothniwi und Aldegund, 826 und 829, eine 854 von Wolfger und seinem Sohn Engilgar zu Uznach und „Puabinvilare".

Reicher begütert müßte Cunzo gewesen sein, zu dessen Besitz in Uznach und am Jonafluß Unfreie gehörten, No. 350, 834. Auf die Schwierigkeiten, welche diese Urkunde wegen des darin vorkommenden Vogts bietet, will ich nicht näher eingehen, ich bemerke nur, daß ich denselben auf die Frau des Cunzo beziehe, die Fassung der Urkunde ist ohnehin mangelhaft. Auch mit diesen Traditionen ist noch nicht alles Grundeigentum zu Uznach ans Kloster übergegangen, noch 912 vertauschte Hegere sein Eigengut in der Mark Uznach gegen 10 Juchart Land zu „Hohinwart" und Wald zum roden.

In der Umgebung von Uznach finden sich nun auch die Weiler, deren Charakter ich bereits schilderte. Da ist „Ruadheres"wilare, Rüetiswil. Dort überträgt Ruadheri die Hinterlassenschaft seines Vaters und eigenen Erwerb, No. 297, 826, Unfreie gehören dazu. Dieser Ruadheri kann nicht der Gründer von Rüetiswil sein, aber wohl ein gleichnamiger Vorfahr; auch gehörte ihm nicht der ganze Weiler, nach No. 582, 874 hatte der Gemahl seiner Tochter, Rating, dort noch mindestens 4 Juchart außer dem Anteil der Frau am Gute ihres Vaters. Ruadheri erscheint einmal als Zeuge in Uznach, Rating ist der Sohn der dort begüterten Aldegund.

Ein anderer Weiler ist „Eidwartes"wilare, Ernetswil. Dort übertrugen 885, No. 641, Eidwart und sein Sohn Iltibold ein geschlossenes Gehöft mit Gebäuden, Land, bebautes und unbebautes, Wiesen, Wald etc., natürlich um es gegen Zins zurückzuerhalten. Auf die Absicht zu weiteren Rodungen läßt die Wendung schließen „vel que postea iustis laboribus augmentare potu[er]imus". Unfreie besaßen sie nicht.

Ein lebendiges Bild ergeben die trockenen Formeln der Urkunden von den wirtschaftlichen Bestrebungen der Zeit. Noch bedeckte Wald einen großen Teil des Bodens. Mühsam mußte der fruchtbare Acker dem Sumpf und der Wildnis abgerungen werden; aber unermüdlich sind die betriebsamen Landleute tätig, wüst liegende Flächen in den Bereich der Kultur zu ziehen. Immer wieder ist vom Erwerb die Rede neben dem Erbgut, und wenn auch durch Kauf oder Tausch manches Grundstück den Besitzer wechseln mochte, die rechte Arbeit, die das Eigentum vermehrt, war die Rodung, das Urbarmachen des Ödlands. Dabei herrschte in der ganzen Karolingerzeit tiefer Frieden. Kein feindlicher Einfall zertrat die Saaten und verheerte die Dörfer. Die Stürme der späteren Bürgerkriege haben die Nordostschweiz wenig berührt. Im Heerbann des Frankenkaisers trugen die Thur- und Zürichgauer ihre Waffen in die Ferne. Gar manches weiß der St. Galler Mönch Notker von dem starken Eishere zu berichten, der Avaren und Slawen niedermähte, wie der Schnitter das Heu, und nach Hause zurückgekehrt sich rühmte, ihrer 7, 8, sogar 9 an seiner Lanze aufgespießt umhergetragen zu haben.

Es würde sehr starker Beweise bedürfen, um wahrscheinlich zu machen, daß in einer so urkräftigen, schaffensfreudigen Zeit ein volkswirtschaftlicher Umschwung eingetreten sei, der die Masse der freien Bevölkerung in einen an Hörigkeit grenzenden Zustand erniedrigte. Allerdings sprechen die Kapitularien Karls des Großen vom Druck, den die Beamten ausübten, von Mißbräuchen der Amtsgewalt, um deren Abstellung sich der Kaiser bemüht. Es frägt sich nur, ob solche Verordnungen gleichmäßig auf das ganze große Reich sich beziehen, ob sie auch den rein germanischen Gebieten galten, deren wehrfähige Bevölkerung dergleichen Übergriffe sich doch kaum hätte gefallen lassen, oder speziell für Gallien, das Land der Großgrundherrschaften und Sklavenwirtschaft, wo ähnliche Mißstände vorher und nachher allerdings sehr häufig gewesen sind.

Was die Veränderungen betrifft, die während der Karolingerzeit in der Grundbesitzverteilung und Lage der Bevölkerung vor sich gegangen sind, so komme ich zu einem Ergebnis, das die geltenden Ansichten, wenn nicht umwirft, so doch wesentlich modifiziert und beschränkt. Man nimmt an, der kleine Grundbesitz sei von dem großen aufgesogen worden, die freien Bauern hätten sich genötigt gesehen, ihr Eigentum an Große, vor allem Kirchen, zu übertragen, um Schutz gegen die Übergriffe der Gewalthaber zu finden. Wäre dies richtig, so müßten die Urkunden es erkennen lassen. Dort ist aber nichts davon gesagt. Nur in einem einzigen Falle (No. 43) übergibt sich der Tradent an das Kloster „in servitium“ (hier vielleicht vom Eintritt ins Kloster, also im geistlichen Sinne zu verstehen), nur in zwei Fällen (No. 425 und 537) treten die Tradenten in das „mundiburdium“ des Klosters, in einem dieser Fälle handelt es sich um Frauen. Sonst ist nur vom Seelenheil die Rede, das die Tradenten gewinnen wollen, nicht vom weltlichen Schutz des Klosters. Sollen diese Angaben der Urkunden durchgängig oder auch nur größerenteils erlogen sein?

Ferner hat sich das Schutzbedürfnis nach geltender Annahme im Laufe des 9. Jahrhunderts gesteigert. Karl der Große hielt noch auf Recht und Ordnung, unter seinen Nachfolgern nahm die Verwirrung überhand. Die logische Schlußfolgerung ist: das Kloster, das Schutz erteilen soll, steigerte auch seine Forderungen für die Leistung desselben, die ja schwieriger und wertvoller wurde. Die Tradenten, die ihr Gut zurück erhalten, müssen immer höheren Zins dafür zahlen. In Wirklichkeit ist genau das Gegenteil der Fall. Der Zins der Prekarien zeigt nicht eine steigende Tendenz, sondern eine sinkende; er wird zuletzt zur bloßen Rekognition des Obereigentumrechts in minimalem Betrage. Ich hebe aus meinen Zusammenstellungen hervor:

No. 89 von 779. Immo überträgt all seinen Besitz, gelegen zu Affeltrangen; derselbe wird an ihn wieder verliehen und soll nach seinem Tode an seine Söhne und deren Nachkommen übergehen. Der jährliche Zins beträgt 20 sicle Bier, 20 Brote, 1 Ferkel im Werte von $^1/_3$ sol.; dazu Frondienst, ein Juchart pflügen und 1 Tag mähen.

No. 128, 791. Übertragung zu Züberwangen unter gleichen Bedingungen. Zins 30 sicle Bier, 30 Brote, 1 Ferkel; dazu Dienst, in jeder Zelge ein Juchart pflügen, besäen und abernten.

No. 193, 807 in Fägschwil: Zins 1 sol.

No. 323, 829 in Eschenbach: Zins 4 den.

Dann etwa No. 335, 830 in Gossau: Zins 2 den. Zur Zeit des Abts Salomon beträgt der Zins für solche kleinere Traditionen nur noch 2 oder 1 den.; letzteres überwiegt.

Das Vergleichsmaterial ist ein vorzügliches. Ich habe nur einige von den vielen Fällen erwähnt, in denen es sich um allen Besitz des Tradenten an einem Ort ohne Mancipien handelt und das Zinsverhältnis ein dauerndes werden soll; bei anderen Urkundengattungen und anderen Gauen ist das Ergebnis das gleiche.

Die einzig mögliche Erklärung für die so nachgewiesene Erscheinung ist die Abnahme des Schenkungseifers. Es wurde dem Kloster schwerer, die Leute zu Übertragungen zu bewegen; so mußte es mit immer geringerem Zins vorlieb nehmen. Ich will nun nicht behaupten, daß jede Tradition auf rein ideelle Motive zurückgeht. Manchmal mag das Kloster nicht nur durch Drohung mit Höllenstrafen, sondern auch durch weltliche Mittel eine Pression ausgeübt haben. Die Regel ist das schwerlich, am allerwenigsten in den früheren Zeiten, als St. Gallen selbst noch Schutz gegen den Bischof von Konstanz brauchte.

Die vornehmste Stütze sucht die Ansicht von dem Schutz, den das Kloster den wirtschaftlich Schwachen verliehen haben soll, in den Bestimmungen der Immunitätsurkunden. Kraft der Immunität durfte kein Staatsbeamter die Besitzungen der betreffenden Kirche betreten, dort Amtshandlungen vornehmen oder die Hintersassen, freie und unfreie, zu Leistungen irgendwelcher Art heranziehen. Mit den Traditionen geht das Eigentumsrecht am tradierten Grundstück an St. Gallen über. Wenn ein Tradent all seinen Grundbesitz ans Kloster übertragen und dann gegen Zins zurückempfangen hatte, so gehörte er fortan zu den „ingenui super terram (monasterii) commanentes“ im Sinne der Immunitätsurkunden; er wurde der Staatsgewalt gegenüber durch den Klostervogt vertreten. Daran kann kaum ein Zweifel bestehen. Nur darf man diese karolingische Immunität nicht allzu weit ausdehnen. Ich habe schon gezeigt, daß bei den meisten Traditionen nicht aller Besitz des Tradenten ans Kloster übergeht. Behielt aber ein Tradent neben dem Zinsgut, das unter die Immunität fällt, noch freies Eigen, so konnte er doch nicht schlechthin als „super terram monasterii commanens“ bezeichnet werden. Er genießt nicht den Schutz der Immunität für all sein Besitztum und seine Person, noch auch wird er durch die Tradition zum Hintersassen der Kirche.

Was ich hier ausführe, ist schon gelegentlich bemerkt worden. Nur hat man nicht genügend beachtet, daß damit die Lehre von den zersetzenden Wirkungen der Immunität auf das Staatsleben gutenteils hinfällig wird. Eben die St. Galler Besitzungen sind weithin über ausgedehnte Gebiete zerstreut; geschlossene Immunitätsbezirke können nur an ganz wenigen Orten gebildet worden sein, etwa in der unmittelbaren Umgebung des Klosters. Sonst befinden sich die Besitzungen St. Gallens in Gemenglage mit denen anderer Grundherren oder auch kleinerer freier Eigentümer. Daß das Obereigentum über ganze Ortschaften dem Kloster zustand, muß noch am Anfang des 10. Jahrhunderts selten gewesen sein.

Ein massenhaftes Flüchten der kleinen Freien in die Immunität hat gar nicht stattgefunden. Von einem Versinken der freien Leute in Hörigkeit kann ebensowenig die Rede sein. Durch die Tradition eines Teils des Eigenguts oder des ganzen wird der Personenstand gar nicht berührt. Rechtlich bleibt die Qualität als ingenuus bestehen, auch bei Übernahme einer Zinspflicht. Unterschiede zwischen höheren und niederen Freien, die sich in der Abstufung des Wehrgelds zeigen, kannte bereits der Pactus Alamannorum; dabei ist es geblieben. Urkundlich nachweisbarer Grund für Verschlechterung des Personenstandes sind Mischehen zwischen Freien und Unfreien, bei denen die Kinder der ärgeren Hand folgten. Das war nicht ganz selten; dafür wurden auch Unfreie freigelassen, allerdings nach den St. Galler Urkunden nicht sehr häufig. In der Karolingerzeit hat die alte Schärfe der Standesunterschiede wenig abgenommen. Mit der wirtschaftlichen Abhängigkeit, die durch Übernahme der Zinspflicht begründet wird, hat es nicht viel auf sich. Der Zins ist genau fixiert und meist sehr geringfügig.

Der Entwickelungsgang würde sich etwa folgendermaßen auffassen lassen, und damit gelange ich zum Schluß meiner Erörterungen. Wesentliches Merkmal der Epoche ist das Aufkommen des kirchlichen Großgrundbesitzes, der in Gegenden mit rein germanischer Bevölkerung vorher nicht vorhanden war. Eine neue Wirtschaftsform trat damit nicht ins Leben, wenn auch die Notwendigkeit, das ausgedehnte Klostergut für den Unterhalt der zahlreichen Mönche nutzbar zu machen, besondere Organisationen hervorrief. Entstanden ist der kirchliche Großgrundbesitz auf Grundlage des weltlichen. Dieser blieb bestehen, gleich dem mittleren und kleinen. Es gab vor, während und nach der Karolingerzeit freie Leute, denen als Grundherren vestierte Hufen gehörten, und auch solche, die ihre Äcker mit eigener Hand bestellten.

Eine Wandlung ging in den Formen der Besitzrechte am Grund und Boden vor sich. Das freie Eigen, Allod, wurde vielfach in Leihegut, beneficium, Lehen, verwandelt. Durchgreifend war jedoch die Umwälzung bei weitem nicht, und sie berührte weder das Standesverhältnis noch den Landwirtschaftsbetrieb. Ob ein Fronhof Lehen oder Allod, ob ein kleineres Besitztum Eigen oder Zinsgut war, die Bewirtschaftung erfolgte in der gleichen Weise. Der Vasall, der zum Ritter wird, und der freie Zinsmann, aus dem der Bauer hervorgeht, sind gleichen Standes.

Wahrscheinlich ist allerdings, daß die Gegensätze zwischen groß und klein, reich und arm, die schon vorher vorhanden waren, sich verschärften. Ich glaube, dazu haben Vorgänge rein sozialer

Natur viel beigetragen. Es läßt sich nur annehmen, daß die freie Bevölkerung in den friedlichen Zeiten rapid sich vermehrte. Die Zeugenlisten der Urkunden werden immer länger. Andererseits scheint die Zahl der Unfreien sich vermindert zu haben, wenigstens der servi domestici, die nicht in Ehe lebten. Im 9. Jahrhundert verfügen kleinere Tradenten nur noch ausnahmsweise über Mancipien. früher ist das anders. Schon die lex Alamannorum verbietet. Unfreie außer Landes zu verkaufen; Import von solchen dürfte kaum noch stattgefunden haben. Die kleineren Besitzer verloren die unentbehrlichen Arbeitskräfte, während die größeren verheiratete servi casati besaßen, deren Zahl durch den Nachwuchs sich eher vermehrt als vermindert haben dürfte. So wurden die Reichen reicher, sie konnten neue Hufen ansetzen, während der Grundbesitz der Ärmeren ohnehin durch Erbteilungen sich zerstückelte. Die Lage der geringeren Freien wurde derjenigen der angesiedelten Unfreien sehr ähnlich. Eine neue Gliederung der Gesellschaft bereitete sich vor, in die arbeitende Klasse der Bauern, gleichviel ob frei oder unfrei, und den Adelsstand der ritterlichen Grundherren. Es dauerte aber noch sehr lange, bis diese neue Gliederung zum vollen Durchbruch kam.

II

Das ursprüngliche Verhältnis des Klosters St. Gallen zum Bistum Konstanz und das Eigentumrecht am Boden im Arbongau.

Wer sich zurückwendet und in die Vergangenheit hinaufzusteigen sucht, dem geht es wie dem Bergwanderer, der von der breiten Talstraße über die holprigen und steilen, aber noch gut gangbaren Alpwege zu den Höhen gelangt, wo schmale Fußpfade, im üppigen Grase der Matten verschwindend, die Besorgnis wachrufen, daß an einem Abgrund oder einer Felswand jedes Weiterkommen enden werde. In diese Region der unsicheren Pfade, nicht in das weglose Hochgebirge, führt die Betrachtung St. Galler Zustände der früheren Karolingerzeit. Bis weit hinauf hat die liebevolle Pflege historischer Überlieferung, die im alten wie im neuen St. Gallen ihre Stätte fand und findet, die Bahnen geebnet. Fast lückenlos erstreckt sich über mehr als ein halbes Jahrtausend die Historiographie des Klosters; nur da, wo der erste Chronist über bereits weit hinter ihm zurückliegende Ereignisse berichtet, hört er auf ein zuverlässiger Führer zu sein, und die Urkunden, die als Wegmarken ergänzend eintreten, weisen nicht auf die Spuren des Pfades.

Um vom Bilde zur Sache zu kommen. Die Berichte des Ratpert in seinen Casus s. Galli[1] entbehren, weil in sich widerspruchsvoll und mit den Urkunden nicht übereinstimmend, der Glaubwürdigkeit. Daß St. Gallen keineswegs anfänglich ein königliches, reichsunmittelbares Kloster war, das, wie die Überlieferung will, nach unrechtmäßiger Unterdrückung durch die Bischöfe von

[1] Ediert von G. Meyer v. Knonau in Mitteilungen zur vaterländischen Geschichte, hg. v. historischen Verein in St. Gallen, Bd. 13; auch die in M. G. SS. rer. Merov. Bd. 4, S. 229 ff. (als Vita Galli triplex) neu edierten Stücke der St. Galler Geschichtsquellen zitiere ich im folgenden der Einheitlichkeit wegen nach der Ausgabe von Meyer v. Knonau in den St. Galler Mitteilungen.

Konstanz in langen Kämpfen seine Unabhängigkeit wiedergewann, ist von Sickel in seiner Abhandlung über St. Gallen unter den ersten Karolingern[1] festgestellt und von Meyer v. Knonau in den Anmerkungen zur Ausgabe des Ratpert eingehend nachgewiesen worden. In einer jüngst erschienenen Untersuchung[2] über Grundherrschaft und Hoheitsrechte des Bischofs von Konstanz in Arbon hat nun Beyerle von der St. Galler Überlieferung ganz abstrahiert und ist unter Kombination verschiedenartiger Umstände zu der Behauptung gelangt, daß St. Gallen, auf Konstanzer Boden erbaut, ursprünglich Eigenkloster des Bistums war. Damit geht Beyerle über Sickel hinaus, der die Frage nach der ursprünglichen Stellung St. Gallens mit einem non liquet beantwortete, während Egli in seiner Kirchengeschichte der Schweiz bis auf Karl den Großen[3] und Hauck, Kirchengeschichte Deutschlands[4], zwar nicht an der St. Galler Überlieferung, aber doch an einer ursprünglichen Unabhängigkeit des Klosters festhalten.

Ich muß nun gleich bemerken. Schon die Grundlage der Ansicht von Beyerle, der ganze Arbongau, in dem St. Gallen lag, sei ein umfassendes Grundherrschaftsgebiet gewesen und von Leibeigenen und Zinsleuten des Bistums bewohnt worden, kann ich nicht für zutreffend halten, wie ich das in einer Notiz im Anzeiger für Schweizerische Geschichte[5] des näheren dargelegt habe. Es wird gleichwohl nicht überflüssig erscheinen, auf die eigentliche St. Galler Frage einzugehen. Ein und der andere neue Gesichtspunkt läßt sich auch einem so viel erörterten Gegenstande noch abgewinnen.

Im Grunde hängt, wie mir scheint, alles ab von der Auffassung der Vorgänge bei und nach Absetzung des Abts Otmar in den Jahren 759 und 760. Daß nach 760 das Kloster ein bischöfliches war, bezeugt die Urkunde Karls des Großen von 780[6] ausdrücklich. Durch Ludwig den Frommen wurde die Untertänigkeit aufgehoben[7]; das Kloster war fortan königlich. Ludwig der Deutsche hat es

---

[1] St. Galler Mitteilungen Bd. 4, S. 1 ff.

[2] Schriften des Vereins für Geschichte des Bodensees und seiner Umgebung H. 32, Lindau 1903, S. 31 ff.

[3] Theologische Zeitschr. a. d. Schweiz Bd. 9 (1892) S. 201 ff.

[4] Bd. 2, S. 57 ff.

[5] Jahrg. 1904, No. 3, S. 299 ff. Auf S. 299 Zeile 4 von unten haben die Worte von „erst“ bis „sodann“ wegzufallen.

[6] Wartmann, Urkundenbuch der Abtei St. Gallen Bd. 1, No. 92.

[7] Durch die mit Verleihung der Immunität verbundene Aufnahme in den unmittelbaren Königschutz, Urk. ibid. No. 234.

seinem Kanzler Grimald zu Beneficium verliehen[1], und endlich wurde 854 die Pflicht zur Entrichtung eines Zinses an Konstanz beseitigt; dem Bischof blieben nur seine Diözesanrechte gewahrt[2]. Diese spätere Entwickelung liegt klar genug zutage; nicht so der Ausgangspunkt, der ihre Richtung bestimmt hat.

In jedem Falle aber, ob man mit Beyerle eine stetig fortschreitende Ablösung des Klosters vom Bistum annimmt, deren erstes Stadium eine 760 erfolgte Beschränkung des vollen Eigentumrechts auf den Zinsanspruch gewesen wäre, oder ob man in dieses Jahr erst die Begründung des Abhängigkeitsverhältnisses setzt, in jedem Falle müssen die mit dem Ende Otmars in Zusammenhang stehenden Vorgänge eine neue Epoche in den Beziehungen zwischen Kloster und Bistum begründet haben.

Nun kann es keinem Zweifel unterliegen, daß die historiographische Überlieferung St. Gallens von den entscheidenden Vorgängen nur ein sehr stark getrübtes Bild gibt. Ratpert[3], der für Absetzung und Tod des Abts Otmar auf die vita s. Otmari verweist, läßt nachher erst die Einziehung von Klostergut vor sich gehen, auf Anstiftung des Bischofs Sidonius, der, um das Kloster in seine Gewalt zu bringen, die Grafen Warin und Ruadhard und einen Klostervogt für sich gewann, indem er ihnen im ganzen 6 namentlich genannte Höfe des Klosters zu Benefizium verlieh. Die vita s. Otmari[4] erwähnt das Eingreifen des Bischofs gar nicht, sondern setzt eine Einziehung von Kirchengut in Alamannien durch die Grafen, von der auch St. Gallen betroffen wurde, an den Beginn der ganzen Aktion. Otmar habe bei König Pippin geklagt und einen günstigen Bescheid erhalten, den aber die Grafen nicht beachteten. Als er zum zweiten Male zum König reisen wollte, wurde er verhaftet und unter falscher Anklage wegen sittlicher Vergehungen vor ein Gericht gestellt. Die andere Fassung der Erzählung, in den miracula s. Galli[5], die gleich der vita Otmari von Gozpert herrührt und in der Überarbeitung des Walahfried Strabo vorliegt, erwähnt die Beraubung des Klosters und auch die Klage Otmars beim König als Ursache für seine Gefangennahme; die Gerichtsverhandlung fehlt gänzlich. Nach dem Tode Otmars hätten die

---

[1] Ratpert Kap. 18 u. 21, S. G. M. 13, 34 u. 40.

[2] Wartmann, S. G. U. B. No. 433.

[3] Kap. 6, S. 7 ff.

[4] Ediert von Meyer v. Knonau, St. Galler Mitteilungen Bd. 12, s. Kap. 4 ff., S. 99 ff.

[5] Ediert ibid., s. Kap. 55 f., S. 74 ff.

Grafen als neuen Abt Johannes, einen Mönch von Reichenau, eingesetzt und nun ihrerseits den Bischof angereizt, das Kloster sich zu unterwerfen, um mit seiner Gunst ihren Raub behalten zu können, also das umgekehrte Verhältnis wie bei Ratpert, dessen Anschuldigung des Bischofs als tendenziöse Entstellung zu betrachten ist. Deswegen darf jedoch keineswegs der Bericht seiner Vorlagen für schlechthin erfunden gelten. Schon zeitlich stehen sie den Ereignissen zu nahe, als daß man annehmen dürfte, sie hätten eine bloße Fabel an Stelle der Geschichte gesetzt.

Die beiden Gegner, Otmar, der Abt von St. Gallen, und Sidonius, der Bischof von Konstanz, sind historische Persönlichkeiten. Ersterer findet sich mehrfach in Urkunden[1], letzterer ist auch aus anderen Quellen bekannt[2]. Ein wesentliches Moment des Konflikts, die Einziehung von Klostergut, beruht auf Tatsachen. Von den Höfen, die nach Ratpert dem Kloster verloren gingen, waren Theuringen und Uznach nachweislich vor 760 in seinen Besitz gelangt, und Uznach ist von Ludwig dem Frommen 821 zurückgegeben worden, nachdem ein vorangegangenes Inquisitionsverfahren gezeigt hatte, daß es dem Kloster ungerecht entzogen worden war[3]. Ebenfalls auf Grund eines Inquisitionsverfahrens wurden 828 dem Kloster die Zinse von freien Leuten bestätigt, die ihm einst Pippin geschenkt hatte[4]. Wohl weisen in beiden Fällen die urkundlichen Zeugnisse eine gewisse Inkongruenz zu den Angaben der Überlieferung auf. Der Hof Uznach war unmittelbar vor seiner Rückgabe zum Fiskus Zürich geschlagen, und die Königszinsigen der Urkunde von 828 gehörten dem Breisgau an, nicht der unmittelbaren Umgegend St. Gallens, wo sie nach Gozpert-Walahfrid zu suchen wären. Indessen ganz unvereinbar sind die Abweichungen nicht, und auch die Grafen Warin und Ruadhard, die Räuber des Kirchenguts, sind keine Fabelwesen. Der Sohn des Warin, Isanbard, hat an St. Gallen recht ansehnliche Schenkungen gemacht[5], eine davon (806) ganz ausdrücklich, um der Ansprüche, die das Kloster gegen ihn erhob, ledig zu werden[6]. Der Vertrag endlich, den nach Aussage der Urkunde Karls des Großen[7] Bischof Sidonius mit Abt Johannes schloß, bestätigt die

[1] Wartmann No. 9, 10, 12 etc.

[2] S. Regesta episcoporum Constantiensium S. 6ff., No. 28ff.

[3] Vgl. S. G. M. 13, 9 n. 16.

[4] Wartmann No. 312.

[5] Vgl. S. G. M. 13, 235f.

[6] Wartmann No. 190.

[7] Ibid. No. 92.

Tatsache, daß nach dem Tode Otmars die Verhältnisse des Klosters einer Neuregelung bedurften, durch seine bloße Existenz, durch die auf vorangegangene Differenzen hindeutenden Worte „salubri consilio inter se acceperunt", und wohl auch durch die auffällige Intervention des Bischofs einer benachbarten Diözese, Heddo von Straßburg.

Es ist also nicht zulässig, die historiographische Überlieferung, zumal wie sie bei Gozpert-Walahfrid vorliegt, als freie Erdichtung zu betrachten und demnach, ohne sie zu berücksichtigen, den Hergang ermitteln zu wollen. Andererseits freilich dürfen alle Angaben der Überlieferung, die nicht anderweitige Bestätigung finden, als zweifelhaft gelten. So hat Hauck mit Recht auf Bedenken hingewiesen, welche die Darstellung des Gerichtsverfahrens gegen Otmar erweckt. Es haben nämlich in ihr ganz offenbar Züge aus der vita des Fuldenser Abts Sturm Verwendung gefunden, das Hervorgehen der Klage aus der Mitte des Klosters und besonders die Weigerung des Abts, sich zu verteidigen[1]. Dagegen kann ich Hauck nicht beistimmen, wenn er zum Beweise dafür, daß die Bischöfe der angreifende Teil waren, auf die Urkunde von 854[2] sich beruft, die berichtet, daß zwischen Bischöfen und Äbten zu den Zeiten Pippins, Karls und Ludwigs stets Streit war, weil die Bischöfe das Kloster für sich in Anspruch nahmen und die Äbte sich widersetzten. Die Urkunde ist auf Veranlassung des Abts Grimald ausgestellt, und es wäre nur begreiflich, daß auf die Darstellung vergangener Geschehnisse in dem erzählenden Teil der Urkunde die bereits ausgebildete klösterliche Tradition Einfluß geübt hat; ist doch die Angabe, die Bischöfe hätten das Kloster nur an sich ziehen wollen,[3] unrichtig, da sie es ja tatsächlich an sich gebracht haben. Dieses Zeugnis für die alte Unabhängigkeit des Klosters hat also auszuscheiden oder gilt doch nicht mehr als die Erzählung von Gozpert-Walahfrid selbst.

Gleichwohl hat es mit der alten Unabhängigkeit St. Gallens seine Richtigkeit. Es lassen sich unter dieser Voraussetzung mit Hilfe sicherer Anhaltspunkte Vorgeschichte und Verlauf des Streits, wenigstens in den Grundzügen, recht wohl rekonstruieren.

Klösterliches Leben entwickelte sich an der Ruhestätte des h. Gallus nicht früher als unter dem ersten Abt Otmar. Vorher

---

[1] S. Eigilis vita s. Sturmi abbatis Kap. 16 f., M. G. SS. 2, 373 f.
[2] Wartmann No. 433.
[3] Ibid. „ad partem episcopatus vindicare voluerunt".

erscheint urkundlich als Hüter des Grabes ein Presbyter, Magulfus[1]. Als Landschenkungen dem geweihten Orte reichlicher zuflossen, genügten die Einkünfte für den ständigen Unterhalt einer Anzahl von Mönchen[2]. Dazu stimmt ebenfalls, daß die ältesten Traditionen über Otmar hinaufreichen[3]. Der erste Abt soll nun, obgleich Alamanne von Geburt, als Geistlicher der Diözese Chur angehört haben, wo er aufgewachsen war und ein Kirchenamt bekleidet hatte[4]. Durch die Berufung eines Churer Klerikers konnten die Diözesanrechte des Bischofs von Konstanz über St. Gallen zweifelhaft werden, wenn überhaupt damals die Diözesen schon fest abgegrenzt waren. Auf Beziehungen St. Gallens zu Chur würde auch der angebliche Versuch des Grafen Victor deuten, die Gebeine des h. Gallus in sein Land zu führen[5]. Indessen weisen die sicheren Spuren doch nach einer anderen Richtung hin als auf einen Streit um die Diözesanzugehörigkeit des Klosters. St. Gallen war unabhängig im Sinne der älteren Kirchenverfassung. Otmar suchte für sein Stift die Unabhängigkeit zu behaupten, welche die Klöster der kolumbanischen Regel in Anspruch nahmen, und unterlag im Kampf gegen die Pippinische Kirchenordnung, die, auf Synoden für das ganze Reich festgestellt, allgemein das Mönchtum dem Episkopat unterordnete. Es mag damit die Durchführung, wenn nicht Einführung der Benediktinerregel in St. Gallen im Zusammenhang gestanden haben. Mit der Einziehung von Klostergut hatte, was auch Ratpert sagen mag, der Bischof schwerlich etwas zu tun; sie findet ihr Analogon in den umfassenden Säkularisationen von Kirchengut in Westfranken.

Die Differenzen zwischen Bistum und Kloster bezogen sich auf Fragen der Kirchenverfassung. Nicht sowohl persönliches Übelwollen trieb Sidonius zu seinem Vorgehen gegen St. Gallen, als eine Tendenz, die er mit seinen Amtsbrüdern im Frankenreich teilte und die anderwärts ganz ähnliche Streitigkeiten herbeiführte. Auch Lullus von Mainz, der Schüler und Nachfolger des h. Bonifacius, wollte das Kloster Fulda seiner bischöflichen Autorität unterordnen. Auf seine Veranlassung wurde vom König Pippin der Abt Sturm entfernt, und er selbst ernannte einen neuen Abt, den dann freilich die Mönche nicht anerkannten, so daß er ihnen

[1] Ibid. No. 1.
[2] Mirac. s. Galli Kap. 51, S. 63 ff.
[3] Wartmann No. 1 ff.
[4] Vita s. Otmari Kap. 1, S. 95.
[5] Mirac. s. Galli Kap. 52 f., S. 72 f.

schließlich gestattete, einen Abt aus ihrer Mitte zu wählen. Bis zur Gewährung des Wahlrechts ging Sidonius nicht. Sein Vertrag mit Johannes, dem Nachfolger Otmars, gewährte dem Kloster nur vermögensrechtliche Privilegien. Bistums- und Klostergut sind nicht in eins zusammengeflossen. Die Äbte durften selbständig das Klostergut verwalten, um die Erträge für den Unterhalt der Mönche zu verwenden, was ja die eigentliche Bestimmung des Klosterguts war. Als äußeres Zeichen der Abhängigkeit vom Bistum erscheint ein jährlich zu entrichtender Zins im Betrage von einer Unze Gold und einem Pferde im Werte von einem Pfund. Dabei blieben aber außerordentliche materielle Anforderungen der Bischöfe ans Kloster vorbehalten; jedenfalls sind sie in der Bestätigung des Vertrages durch Karl den Großen nicht ausdrücklich untersagt, und es ist der St. Galler Überlieferung wohl zu glauben, daß schon Sidonius Beisteuer zur Rüstung für eine Heerfahrt forderte und erhielt.[1] Später soll, nach Ratpert[2], Bischof Egino mit Abt Werdo einen neuen Vertrag geschlossen haben, der die Inanspruchnahme des Klosterguts für die Bedürfnisse des — verhältnismäßig armen — Bistums wohl noch eingehender regelte.

Nach dem grundlegenden Vertrage konnte auch zweifelhaft sein, ob den Mönchen auf Erträge der Klosterwirtschaft, die für ihren Unterhalt nicht unmittelbar erforderlich waren, ein Anrecht zukam. Mit dieser Frage nach Verwendung der Überschüsse mag der Eingriff in die Selbstverwaltung des Klosterguts zusammenhängen, den Ratpert[3] dem Bischof Wolfleoz vorwirft. Wolfleoz soll Laien den von Mönchen zu verwaltenden, internen Klosterämtern vorgesetzt haben. Diese Vertreter des Bischofs hatten wohl bei den Einkünften von Keller und Kammer zu scheiden, was für den Unterhalt der Mönche erforderlich war und was als überschüssig dem Bischof zufallen sollte. Daß dabei die Mönche Not litten, ist nicht unglaublich; aber Wolfleoz, selbst aus St. Gallen hervorgegangen, wird gewußt haben, wie schlecht unter der früheren Verwaltung die Bischöfe wegkamen. Immerhin hat er seine Befugnisse überschritten. Als Ludwig der Fromme 816 den alten Vertrag bestätigte[4], fügte er das bisher fehlende ausdrückliche Verbot hinzu, vom Klostergut für das Bistum irgendwie mehr als den festgesetzten Zins zu erheben. Schwerlich ist die dem Kloster

[1] Ibid. Kap. 57, S. 79.
[2] Kap. 10, S. 18.
[3] Kap. 13, S. 24.
[4] Wartmann No. 218.

ungemein günstige Entscheidung ohne vorangehende Klage der Mönche erfolgt. So abenteuerlich der Bericht Ratperts[1] über die Vorgänge bei der Hofgerichtssitzung erscheinen mag, daß Bischof und Mönche vor dem Kaiser einander entgegentraten, ist durchaus nicht unwahrscheinlich, und das Urteil fiel zugunsten der Mönche aus. Die weiteren Gunstbezeugungen Ludwigs des Frommen für St. Gallen, Gewährung von Immunität[2] und Wahlrecht[3], stehen ganz offenbar mit der Hinneigung zum Mönchtum in Zusammenhang, die er überall im Gegensatz zur Politik seines Vaters und Großvaters bekundete. Wie die Unterjochung St. Gallens sich aus der Kirchenreform Pippins ergab, so war die Befreiung eine Folge der Klosterreform Ludwigs des Frommen[4].

Es läßt sich also in Übereinstimmung mit Egli und Hauck und unter Ergänzung ihrer Aufstellungen aus der Kombination sicherer Daten und der allgemeinen Zeitverhältnisse ein glaubhafter Zusammenhang der Ereignisse herstellen. Der Verlust der alten Unabhängigkeit St. Gallens und der Erwerb der neuen finden ausreichende Erklärung in der Verschiedenheit der Kirchenpolitik Pippins und Ludwig des Frommen. Es ist nicht erst erforderlich, ein ganz spezielles Recht des Bistums auf das Kloster zu konstruieren.

Die Frage nach dem Eigentum am Boden, auf dem St. Gallen erbaut war, hat allerdings bei den gerichtlichen Erörterungen, zu denen die Streitigkeiten Anlaß gaben, eine Rolle gespielt. Dafür liegt ein Zeugnis vor in der Notiz über Zeugenaussagen[5], den Streit betreffend, ob das Kloster unter der Botmäßigkeit des Bischofs stehen solle oder eigenen Rechts wäre. Die Notiz ist nicht im Original erhalten, sondern nur in einem offenbar gekürzten und nicht ganz korrekten Druck (bei Goldast). Sie besagt: Von seiten des Bischofs Hatto wurde behauptet, daß unser Kloster zu den Zeiten Pippins und Karls den Bischöfen von Konstanz untertan war. Die unsrigen aber sagten eidlich aus, daß unser Kloster an freiem Ort steht, nicht auf Königsland, nicht auf Kirchenboden, „non per ullius hominis traditionem“, — auf diese schwer verständlichen Worte komme ich gleich zurück, — sondern es stehe

[1] Kap. 14 f., S. 25 ff.

[2] Wartmann No. 234.

[3] Nach Urk. ibid. No. 344.

[4] Vergl. Simson, Jahrbücher des fränk. Reichs unter Ludwig d. Fr. Bd. 1, S. 81 ff.

[5] Wartmann, S. G. U. Bd. 2, S. 398, Anhang No. 22.

allein bei den Kaisern, wen er dem Orte vorsetzen wolle etc. Mehr als zweihundert Männer wurden verhört.

Einen Bischof Hatto von Konstanz hat es nicht gegeben. Heddo von Straßburg, der im Vertrag 760 genannt wird, kann nicht gemeint sein, weil von den Zeiten Pippins und Karls als vergangenen die Rede ist. So glaubte der Herausgeber in Hatto den gleichnamigen Erzbischof von Mainz (891—913) wiederfinden zu können und setzte demnach die Notiz etwa zum Jahre 900.

Indessen ist nicht ersichtlich, weswegen gerade damals, als der Bischof von Konstanz, Salomon III., zugleich Abt von St. Gallen war, der Streit um eine längst entschiedene Frage wieder aufgelebt sein soll. Auch war von den gleichzeitig regierenden Herrschern nur Arnulf einige Jahre lang Kaiser. Die Vermutung ist unabweisbar, daß in dem Namen Hatto, dem einzigen äußeren Anhaltspunkt für die Datierung, ein Fehler steckt. Jedenfalls paßt dem Inhalt nach die Notiz vorzüglich in die Zeit Ludwigs des Frommen, etwa in die Jahre 816—18, als, ermutigt durch die erste günstige Entscheidung, St. Gallen sich die Stellung eines königlichen Klosters zu erringen suchte. Nur damals konnte es den Mönchen als ein erstrebenswerter Fortschritt erscheinen, daß der Kaiser den Abt zu setzen habe, nicht der Bischof. Später haben sie ihr Wahlrecht auch dem König gegenüber behauptet, schon wegen der zu Ende des 9. Jahrhunderts dringenden Gefahr der Überlieferung an Laienäbte.

Es ist nun beachtenswert: Zur Begründung der Konstanzer Ansprüche ließ sich nur die eine, allerdings unbestreitbare Tatsache anführen, daß in den Zeiten Pippins und Karls das Kloster dem Bistum unterworfen war. Daß St. Gallen auf Boden des Bistums erbaut sei, wurde von Konstanzer Seite gar nicht behauptet. Die rechtliche Qualität des Bodens muß vielmehr ein Argument zugunsten St. Gallens gebildet haben, auf das es bei seinem Streben nach Unabhängigkeit sich berufen konnte. Eben deswegen beschäftigt sich auch die historiographische Überlieferung mit der Frage nach dem Besitzrecht am Boden, nur gibt sie eine von der Urkunde abweichende Antwort. Nach Ratpert[1] gehörte die Waldwildnis, in der St. Gallus seine Zelle errichtete, einesteils dem König, anderenteils war sie Pertinenz der Besitzungen edelfreier Leute. In dieser Angabe sind die einander widersprechenden Berichte der vita s. Galli und des Gozpert-Walahfrid vereinigt. Nach ersterer[2]

[1] Kap. 4, S. 4.

[2] Kap. 23, S. G. M. 12, S. 29.

hat ein Merowingerkönig, Sigibert, dem h. Gallus den Besitz seiner Zelle urkundlich bestätigt; nach letzterem lag die Zelle innerhalb der Besitzungen des Waldram, der sie dem major domus Karl Martell[1] oder dem König Pippin[2] tradierte. Letztere Angabe wiederum steht in direktem Widerspruch zu den Worten der Urkunde „non per ullius hominis traditionem“; denn wenn diese überhaupt einen Sinn geben sollen, können sie nur dahin interpretiert werden, daß der Boden, auf dem St. Gallen stand, wie er nicht ursprünglich Königsgut oder Kirchenland war, so auch nicht nachträglich durch Tradition zu solchem geworden ist. Von der klösterlichen Überlieferung zeigt sich die urkundliche Aufzeichnung unberührt. Darin liegt, wie mir scheint, ein weiterer Beweis für ihr Alter und ihre Echtheit. An der Tatsache selbst, die mehr als zweihundert Zeugen beschworen haben, daß St. Gallen auf freiem Boden stand, kann kein Zweifel obwalten. Es stimmen dazu alle sicheren Anhaltspunkte für die Grundbesitzverteilung im Arbongau. Dort saßen, wie anderwärts in Alamannien, freie Leute auf eigener Scholle; andere Freie entrichteten dem König Zins als Entgeld für eine einstmals gewährte Niederlassungs- und Rodungserlaubnis. Im Arbongau lag auch noch gegen Ende des 9. Jahrhunderts Königsgut[3]. Das sind urkundlich gesicherte Tatsachen, die sich durchaus nicht vereinbaren lassen mit der Annahme, daß der ganze Arbongau dem Bistum Konstanz gehörte und also alle Besitzrechte im Gau von Konstanz abgeleitet waren. Es fällt dagegen wenig ins Gewicht, was an positiven Beweisen für die Grundherrlichkeit des Arbongaus angeführt wird[4], so die Berufung auf die an sich schon dunkle Grenzbeschreibung des Arbonforstes in der Urkunde Friedrichs I. für Konstanz von 1155, und gar die „klassische“ Beweisstelle, die Angabe für die Lage des Kloster St. Gallen in einer Urkunde von 797: „monasterium sancti Gallone confessoris, que est constructa in pago, qui dicitur Arbonense, urbis Constantie, in ducato Alamannie“[5]. Das bedeutet natürlich nicht: der Arbongau gehörte der Stadt, das ist dem Bistum Konstanz, sondern: das Kloster lag im Arbongau, in der Diözese Konstanz, im Herzogtum Alamannien.

---

[1] Mirac. s. Galli Kap. 51, S. 66.

[2] Vita s. Otmari Kap. 1, S. 96.

[3] Vergl. die Nachweise in der oben S. 27, n. 5, angeführten Notiz über „Arbon“.

[4] Beyerle l. c. S. 57 ff., 38.

[5] Wartmann No. 150.

Bischof Sidonius hat also nicht grundherrliche Ansprüche gegen St. Gallen zur Geltung gebracht, sondern kirchenrechtliche. Vor seinem Eingreifen war St. Gallen keinesfalls Eigenkloster des Bistums. Handelte doch gerade Abt Otmar in Angelegenheiten des Klosterguts urkundlich ohne die Einmischung der Bischöfe, die unter seinen nächsten Nachfolgern hervortritt[1]. Zur Zeit Otmars war St. Gallen selbständiges Rechtssubjekt, eine Eigenschaft, die es als Eigenkloster nicht haben konnte, und die es durch den Vertrag von 760 teilweise einbüßte. Später haben die Mönche bei ihrem Streben nach Unabhängigkeit des Klosters auf die Freiheit des Bodens sich berufen, nicht deswegen, weil sie das Joch eines alten Grundherrn abzuschütteln hatten, sondern weil andere Beweismittel für ihre Behauptung, daß das Kloster eigenen Rechts sei, ihnen nicht zu Gebote standen. Die älteren Königsurkunden, von denen die Überlieferung berichtet, konnten an der Gerichtsstätte nicht vorgelegt werden. Es spricht nicht gerade für ihr einstmaliges Vorhandensein, daß nicht einmal versucht wurde, durch Zeugenbeweis Aufschluss über ihren Inhalt zu gewinnen. Nur so viel stand fest: Der Boden, auf dem St. Gallen erbaut war, gehörte weder dem König noch einer (anderen) Kirche. In der an den kultivierten Teil des Gaues angrenzenden Waldwildnis[2] hatte einst St. Gallus seine Zelle errichtet. So lange die Gauleute keinen Einspruch erhoben[3], konnten er und seine Nachfolger ruhig sitzen bleiben. Ergänzung des mangelnden Besitztitels durch eine königliche Konzession wäre dringend wünschenswert gewesen. Daß sie wirklich erfolgte, ist nicht gerade wahrscheinlich.

Mit den übrigen Aufstellungen Beyerles fällt auch seine eigentümliche Annahme, daß in der wechselnden Zuweisung des Klosters an den freien Thurgau und den angeblich grundherrlichen Arbongau in den Ortsangaben der Urkunden sich das Schwanken des Konflikts zwischen Kloster und Bistum wiederspiegelt[4]. Die

---

[1] S. ibid. No. 145, 151, vgl. S. G. M. 13, 18 n. 45.

[2] Vita s. Galli Kap. 23, S. G. M. 12, 29, „in silva coniuncta Arbonense pago". Daß eine Markensetzung in dem von Rübel, Die Franken (Bielefeld u. Leipzig 1904) festgestellten Sinne hier erst ziemlich spät stattgefunden hat, zeigt mirac. s. Galli Kap. 59 im Vergleich zu Wartmann No. 680.

[3] Wie das gegen die Niederlassung des h. Columban in Bregenz geschah, vita s. Galli Kap. 9, S. 12 f.

[4] Beyerle l. c. S. 36 f. Die Zählungen S. 36 n. 6 sind übrigens nicht korrekt. Die Urk. Wartmann No. 73 lässt St. Gallen nicht nur im Thurgau, sondern auch im Arbongau liegen, No. 37 nicht im Arbongau, sondern im Thurgau, No. 94 „in Durgavia in Arbunense pago".

Urkundenschreiber verfuhren ziemlich willkürlich bei einer Angabe, auf die juristisch wenig ankam. Das Gebiet des Römerkastells Arbon, noch um die Mitte des 7. Jahrhunderts von romanischen Rhätern bewohnt, war bereits im 8. Jahrhundert dem Thurgau zugewiesen und seinen Grafen untergeordnet. So lag St. Gallen zugleich im Thur- und Arbongau, wie das die Urkunden in der schwankenden Bezeichnung zum Ausdruck bringen.

Am allerwenigsten zulässig ist die Auffassung des Konflikts zwischen St. Gallen und Konstanz als eines Streits zwischen zwei Grundherrschaften, die in ihrem Ausdehnungsbestreben aufeinanderstießen. Bistum und Kloster waren kirchliche Institute, zu kirchlichen Zwecken begründet, nicht zu wirtschaftlichen. Wohl mußten Bischof und Abt nach Landerwerb trachten und der Bewirtschaftung der Güter Aufmerksamkeit zuwenden; denn nur die Einkünfte vom Boden gaben den kirchlichen Instituten die unentbehrliche materielle Basis. Es kam auch vor, daß die Besitzrechte am Boden sich durchkreuzten. Von der Beilegung gar mancher daraus hervorgegangener Streitigkeiten mittelst Abgrenzung oder Austausch von Besitzsplittern ist Kunde erhalten[1]; aber den Kern des Gegensatzes bildeten solche Differenzen nicht. Der rein kirchliche Charakter von Bistum und Kloster stand in der Karolingerzeit noch durchaus im Vordergrund, wie ja auch erst viel später Bischof und Abt gleich anderen Reichsfürsten ihre Fehden um Burgen und Herrschaftsrechte mit den reisigen Scharen ihrer Mannen auszufechten anfingen. Nichts hat so viel Verwirrung in der älteren Wirtschafts- und Verfassungsgeschichte angerichtet als die Sucht, in jedem Abhängigkeitsverhältnis Reste einer ursprünglichen, allumfassenden Grundherrschaft zu erblicken, und tritt noch das Bestreben hinzu, die historischen Vorgänge möglichst einheitlich auf wirtschaftliche Ursachen zurückzuführen, so wird die Verwirrung vollständig. Überall und immer bewegt sich die Entwicklung auf gekrümmten, viel verschlungenen Pfaden. Wer rückwärtsschließend die Entwicklungslinie in gerader Richtung verlängert, dem geht es wie dem Wanderer, der, den Berg senkrecht emporklimmend, an einer unübersteigbaren Felswand Halt machen muß.

---

[1] So besonders die Notiz über die Grenzbestimmung bei Berg, Wartmann B. 3. S. 687, Anhang No. 7.

III

Zur Bevölkerungsstatistik der Karolingerzeit.[1]

Die Bevölkerungsziffer der Länder Europas im früheren Mittelalter ist wegen der Beschaffenheit der Überlieferung in tiefes Dunkel gehüllt. Es fehlte den Menschen jener Zeiten der Sinn für die Zahl. Angaben über die Stärke von Heeren oder Verluste in Schlachten, wie sie etwa in den Quellen vorliegen, tragen in der Regel den Charakter der Unglaubwürdigkeit.

Um gleichwohl eine zahlenmäßige Anschauung vom Stande und Wachstum der Bevölkerung nach dem Untergang des Römerreichs zu gewinnen, hat die neuere Forschung[2] zweierlei Wege eingeschlagen. Lamprecht[3] nahm zur Grundlage seiner für das Moselland angestellten Berechnungen die Ortsstatistik. Er wies nach, welche Ortschaften jeweils im VIII., IX. und in den folgenden Jahrhunderten neu in den Quellen auftauchen, und setzte die wachsende Zahl der Ortschaften in Proportion zur Vermehrung der Bevölkerung. Unmittelbarer auf überlieferte Zeugnisse stützen sich Schätzungen, die schon früher der französische Gelehrte Guérard in der Einleitung zu dem von ihm herausgegebenen Güterverzeichnis der Abtei S. Germain des Prés, dem Polyptychum Irminonis abbatis[4], vom Anfang des IX. Jahrhunderts vorgenommen hatte. In demselben sind nicht nur die dem Kloster gehörigen Höfe und Dörfer beschrieben, sondern auch die dort wohnenden freien und unfreien Hintersassen des Klosters namentlich aufgezählt. Es lag also nahe, daraus Schlüsse auf die Dichtigkeit der Bevölkerung zu ziehen[5].

[1] Veröffentlicht in den Deutschen Geschichtsblättern, hg. v. A. Tille, Bd. 5, H. 8 (Mai 1904), S. 195 ff.

[2] Vgl. Beloch, die Bevölkerung Europas im Mittelalter, Zeitschr. f. Sozialwissenschaft 3, 405 ff.

[3] Deutsches Wirtschaftsleben im Ma. 1, 161 ff., 2, 17 ff.

[4] Polyptyque de l'abbé Irminon, publ. B. Guérard, Bd. I (Paris 1844), S. 358 ff.

[5] Vgl. dazu E. Levasseur, la population française I, 125 ff. Die von Beloch a. a. O. angeführte Schrift von Salvioli in Atti della r. accademia Palermo 1899 bringt nicht prinzipiell neue Gesichtspunkte.

So mühsam und verdienstvoll besonders das von Lamprecht eingeschlagene Verfahren sein mag, seine Mängel sind doch unschwer erkennbar. Es hängt sehr wesentlich vom Zufall der Überlieferung ab, in welchem Jahrhundert ein Ort zuerst erwähnt wird, und es kann die durchschnittliche Bewohnerzahl eines Ortes im Jahre 800 auch nicht annähernd die gleiche gewesen sein wie ein Jahrtausend später. Das Polyptychum Irminonis andrerseits gibt nur über die — ganz oder teilweise — der Abtei St. Germain des Prés gehörigen Orte Auskunft; es verzeichnet nur die servi, liti und coloni des Klosters, nicht aber die vom grundherrlichen Verbande unabhängigen Freien, und doch würde es das erheblichste Interesse bieten, gerade vom Stande der freien Leute eine numerische Anschauung zu gewinnen.

Auf dem freien Manne beruhte die karolingische Reichsverfassung, nur der Freie wurde zum Heerbann aufgeboten und leistete der Ladung zur Gerichtsversammlung Folge. Wenn es nicht gelingt, einen Begriff zu bekommen von der Zahl der Freien, die aus den Gauen und Hundertschaften zu Kriegszügen und zum Placitum sich einfinden konnten, bleiben alle Vorstellungen vom Heeres- und Gerichtswesen schattenhaft. Erst die zahlenmäßige Grundlage vermag die Ergebnisse der rechtshistorischen wie der wirtschaftsgeschichtlichen Forschungen zu voller Anschaulichkeit zu erheben.

So wird es nicht unangebracht erscheinen, auf einen dritten Weg hinzuweisen, von dem ich zwar nicht behaupten möchte, daß er zu unanfechtbaren Ergebnissen führt, der aber doch vielleicht sich noch als ausbaufähig erweisen kann. Um in dunklen Zeiten bis zu zahlenmäßiger Anschauung vorzudringen, muß schließlich jedes irgend mögliche Mittel benutzt werden.

Im zweiten Teil meiner Arbeit über die St. Galler Urkunden[1] habe ich versucht, das Vorkommen der größeren und kleineren Grundbesitzer, die ans Kloster Traditionen machten, in den Zeugenlisten nachzuweisen. Die Zusammenstellungen enthalten viel hypothetisches. Zur Karolingerzeit führte jede Person nur einen Namen, Familiennamen waren noch nicht vorhanden; so ließ sich die Identifikation von Personen gleichen Namens mit einiger Sicherheit nur vornehmen, wenn der Name zur gleichen Zeit an einem Ort oder wenigstens in derselben Gegend mehrfach wiederkehrt. Zu beachten war dabei freilich, daß die gleichen Namen recht häufig von mehreren Angehörigen derselben Familie getragen wurden. Gleichwohl erschien es in nicht ganz wenigen Fällen angängig, eine

[1] Jahrbuch f. Schweizer. Gesch. Bd. 27, S. 187 ff.

Person einige Zeit hindurch zu verfolgen. Mittels anderer Zusammenstellungen habe ich versucht, die Grundbesitzverteilung in einzelnen Ortschaften zu ermitteln. Aus den Urkunden, die sich auf Rechtsgeschäfte mit Grundbesitz an einem Orte beziehen, ließen sich die dortselbst begüterten Personen feststellen, und nicht ganz selten gelang es deren Namen in Zeugenlisten wiederzufinden. Bei der Streulage der Besitzungen ist es nicht ohne weiteres erlaubt, jeden. der Grundeigentum an einem Orte hatte, als Bewohner des Ortes aufzufassen. Immerhin zeigte sich, daß an benachbarten Orten wieder andere Personen Grundeigentum besaßen.

In den Zeugenlisten finden sich nun noch viele Namen von Leuten, deren Besitzverhältnisse ganz unbekannt bleiben, weil sie nicht an St. Gallen tradiert haben, oder weil die betreffenden Urkunden zufällig nicht erhalten sind. Nach den Normen, die allgemein zur Karolingerzeit für die Fähigkeit als Urkundenzeuge zu dienen in Geltung waren[1], muß angenommen werden, daß ausschließlich freie Leute und in der Regel Grundeigentümer in den Zeugenlisten aufgeführt sind. Manche der Namen, besonders solche. die obenan stehen und sehr häufig wiederkehren, mögen Klostervögten oder Hundertschaftsvorstehern angehören, denen die Amtsbezeichnung nicht immer beigefügt wurde[2]. In den meisten Zeugen jedoch sind Gutsnachbarn der Aussteller zu erblicken, Bewohner des Orts, an dem das tradierte Objekt lag, oder doch in der näheren Umgebung ansässige Leute[3]. Auf den so gewonnenen Grundlagen läßt sich nun weiter bauen. Es wird nicht als ganz vergebliche Mühe erscheinen, wenn ich die in den Urkunden genannten Namen dazu verwende, für die Bewohnerschaft, nicht gerade einzelner Ortschaften, aber doch kleinerer Bezirke Zahlen zu ermitteln.

Goldach, bei Rorschach in der Nähe des Bodensees, im alten Arbongau gelegen, ist Ausstellungsort von drei Urkunden, die dem gleichen Jahrzehnt angehören und Rechtsgeschäfte mit Grundbesitz zu Goldach betreffen.[4] In den drei Urkunden sind im ganzen

---

[1] Lex. Alam. tit. I. 1, vgl. Capit. leg. add. 818/9 cap. 6 (M. G. Capit. 1, 282) und Capit. Worm. 829 cap. 6 (ibid. 2, 19).

[2] Vgl. z. B. Jahrb. f. Schw. Gesch. 27, 195 wegen Perahtgar und Wolfhard.

[3] Die Zeugen sind durchgängig Handlungszeugen, vgl. Bresslau, Urk. lehre S. 807. Für eine Unterscheidung nach Parteien, vgl. Erben, in Mitth. d. Ges. f. Salzb. Landeskunde B. 29 (1889), S. 458 ff., finde ich keinen Anhalt.

[4] Wartmann, Urkundenbuch der Abtei St. Gallen, No. 444, 855/50, No. 451, 856/7, No. 466, 859.

28 verschiedene Namen aufgeführt, 26 von Männern, 2 von Frauen[1]; ein Name findet sich in allen drei Urkunden, 11 Namen in je zwei, die übrigen nur in einer. Schwerlich waren alle die genannten Personen Bewohner von Goldach selbst, 11 von ihnen finden sich auch in einer Urkunde von 847 (No. 402), die sich auf das benachbarte Gommerswil bezieht und „in confinio Coldaun“ ausgestellt ist. In einer zu Steinach ausgestellten Urkunde (No. 398. 846) erscheinen sogar 15 von den 28, während allerdings nur sehr wenige in Urkunden sich finden, die zwar Grundbesitz zu Goldach betreffen, aber an entlegenen Orten (Langdorf und Winterthur) ausgestellt sind (Nr. 471. 860, 514. 865). Immerhin ist anzunehmen, daß die 28, wenn nicht alle in Goldach, so doch in der näheren Umgebung ansässig waren. Dafür ist auch ein ganz positives Zeugnis vorhanden. Eine Aufzeichnung über Schlichtung eines Grenzstreites zwischen dem Kloster St. Gallen und dem Bistum Konstanz vom Jahre 854 führt 42 Personen auf, welche die althergebrachte Grenze der beiderseitigen in der Nähe von Goldach gelegenen Besitzungen bezeugten[2]. Es liegt auf der Hand, daß die 42 zu den bejahrteren Anwohnern gehört haben müssen. Gleich die ersten 10 von ihnen finden sich unter den 26 von Goldach, außerdem noch 5, und von den übrigen 27 sind 10 in anderen Urkunden aus dem Arbongau wiederzuerkennen. Drei in der Liste nebeneinander aufgeführte Namen kommen nur in Urkunden vor, die sich auf den Ort Berg beziehen. Es wäre nicht undenkbar, daß die Namen der 42 Zeugen nach Wohnsitzen geordnet sind; jedenfalls bildeten sie einen erheblichen Teil der in der Nachbarschaft angesessenen freien Grundeigentümer. Mehr als die Hälfte von ihnen ist in Urkunden aus der gleichen Zeit und Gegend nachweisbar. Schon die Zeugenlisten allein vermögen also mit einem ganz erheblichen Teil der Bewohnerschaft eines Bezirks bekannt zu machen. Die Zahl derer, die unbekannt bleiben, weil sie — zufällig — nicht zu Zeugen für Urkunden herangezogen wurden, darf nicht gar sehr hoch angeschlagen werden. Dazu stimmt die allgemein anzustellende Beobachtung: Je mehr Urkunden vom gleichen Ort und aus der gleichen Zeit vorliegen, um so öfter kehren die gleichen Namen wieder, während Zeugenlisten aus entfernt voneinander gelegenen Ortschaften, oder vom gleichen Ort, aber aus erheblich verschiedener

[1] In No. 444 die Tradentin, ein Klostervogt, 14 Zeugen (abgesehen von den Mönchen); in No. 451 der Tradent, seine Frau, ein Klostervogt, 7 Zeugen; in No. 466 der Tradent, 14 Zeugen.

[2] S. G. U. B. 3, 687, Anhang No. 7

Zeit, nur sehr geringe Verwandtschaft aufweisen. Setzt man die wirkliche Zahl der freien Eigentümer eines Bezirks gleich der durch Auszählung zu gewinnenden Minimalzahl a plus der wegen Nichterwähnung der Personen unbekannt bleibenden Größe x, so kann unter x keinesfalls eine a mehrfach übertreffende Ziffer verstanden werden. Es dürfte sich also wohl verlohnen, alle Namen abzuzählen, die in Urkunden aus einem Bezirk von bestimmt gegebener Abgrenzung auftreten. Den Versuch habe ich für den Argen- und Nibelgau[1] unternommen und teile das Ergebnis im folgenden mit.

Der Argengau erstreckte sich am Nordufer des Bodensees von Bregenz über Lindau, Wasserburg, Langenargen bis nach Buchhorn (Friedrichshafen); landeinwärts reichte er nur wenige Meilen. Von den Urkunden, die sicher dem Argengau angehören, sind vier zu Langenargen ausgestellt, zwölf zu Wasserburg, sechs zu Leiblach und sieben an verschiedenen Orten innerhalb des Gaues. Der Zeit nach verteilen sie sich ziemlich gleichmäßig über etwa vier Menschenalter (769—885). In den 29 Urkunden sind im Kontext und den Zeugenlisten zusammen 237 verschiedene Namen genannt. davon 137 nur je einmal, 56 doppelt, 20 dreifach, 11 vierfach, 13 mehrfach; 33 der Namen kommen im ganzen Urkundenbuch nur einmal für Freie vor.

Von den 237 sind 8 Geistliche und 8 Frauen. Unter den übrigbleibenden 221 Namen für freie Männer weltlichen Standes verbergen sich einige Personen mehr. 11 Namen finden sich doppelt in einer oder mehreren Listen, können also nicht auf nur eine Person sich beziehen; auch sind manchmal die zeitlichen Abstände zwischen dem Auftreten desselben Namens zu erheblich, als daß die Beziehung auf die gleiche Person für wahrscheinlich erachtet werden könnte. Rechnet man also noch 30 hinzu, so ergeben sich rund 250 freie Grundeigentümer, oder für das Menschenalter kaum viel mehr als 60. Die Zahl ist erstaunlich gering; aber auch durch ein umfangreicheres Material könnte sie nicht sehr wesentlich erhöht werden. Das zeigen gerade einige auf den Argengau bezügliche Urkunden, die bei der Berechnung außer acht geblieben sind, weil ihr Ausstellungsort nicht genannt ist oder nicht im Gau lag. Berechnungen für den benachbarten Nibelgau führen zu einem ganz ähnlichen Ergebnis. In 26 Urkunden, von 766—879 reichend, treten 195 Personen auf (davon 10 Frauen

[1] Vgl. die Gaukarte bei F. L. Baumann, die Gaugrafschaften im wirtembergischen Schwaben, Stuttgart 1879.

und 4 Geistliche); 40 kommen überhaupt nur im Nibelgau vor, 53 Namen erscheinen zugleich im Nibel- und Argengau, aber allerdings vielfach in so erheblichem zeitlichen Abstande, daß an Identität der Personen nicht zu denken ist. Der Durchschnitt nach Menschenaltern wäre für den Nibelgau noch geringer als für den Argengau, und doch ist die Zahl der Urkunden nicht viel kleiner, während die einzelnen Zeugenlisten eher länger sind. Wollte man selbst die Zahl der unbekannt bleibenden freien Grundeigentümer auf das Doppelte der bekannten veranschlagen, was doch gewiß hoch gegriffen ist, so erhielte man immer noch eine recht niedrige Ziffer für die gleichzeitig lebenden pagenses, denen die Pflichten der karolingischen Reichsverfassung oblagen.

Die gesamte Bewohnerzahl des Gaues muß allerdings erheblich höher gewesen sein als die der freien Grundeigentümer. Es sind die Familienangehörigen, die servi domestici und casati und auch die freien Hintersassen hinzuzurechnen, deren Anzahl sich nicht annähernd schätzen läßt, und vage Vermutungen aufzustellen ist zwecklos. Dagegen wäre wohl noch auf einen Gesichtspunkt hinzuweisen. Die Hundertschaft ist in Alamannien nach der viel angefochtenen, aber recht wahrscheinlichen Ansicht von Brunner[1] nicht alten Ursprungs, sondern erst unter fränkischer Herrschaft eingeführt worden. Da liegt denn die Vermutung nahe, daß der Name nicht zufällig die Zahl ausdrücke. Nicht einstmals in nebelgrauer Vorzeit hat die Hundertschaft 100 Mann umfaßt, sondern bei ihrer Einführung in Alamannien. Die zu einer Hundertschaft vereinigten Hundert waren freie Leute, Grundeigentümer, denen unter Hinzurechnung ihrer Familien, Unfreien etc. eine beträchtlich höhere Kopfzahl entsprochen haben muß, und die auch ein nicht gar zu eng begrenztes Gebiet bewohnten. Eine Hundertschaft konnte immerhin eine ganze Anzahl Dörfer und Weiler mit zugehörigem Markland umfassen. Die Erklärung des Namens durch die Zahl macht die Flüssigkeit der territorialen Einteilungen im Karolingerreich verständlich. Wenn die Bevölkerung, das ist die Zahl der vollberechtigten Freien, zu stark angewachsen war, wurden neue Hundertschaften ausgeschieden und Gaue geteilt. Daher benannte man auch die Hundertschaften in Alamannien nicht nach Flüssen oder sonstigen geographischen Be-

[1]) Deutsche Rechtsgeschichte Bd. 1, S. 117; dagegen Weller in Württemb. Vierteljahrshefte. N. F. 7 (1898), S. 312.

griffen, sondern nach den Vorstehern Walthramshuntare, Hattenhuntare etc.[1]

Der Argen- und der Nibelgau waren allerdings wohl zu klein, als daß sich eine Einteilung in Hundertschaften annehmen ließe. Für den großen Thurgau vor Abtrennung des Zürichgaues ist die Zahl der Hundertschaften auf zehn bis zwölf veranschlagt worden[2], das würde etwa 1000—1200 freie Leute und vielleicht noch keine 10000 Bewohner für ein Gebiet ergeben, welches gegenwärtig in den Kantonen Zürich, Thurgau und St. Gallen mehr als die siebzigfache Zahl aufweist. Solche Schätzungen mögen auf schwankender Grundlage beruhen; dennoch lassen sie den Schluß zu, daß vor mehr als tausend Jahren relativ, im Vergleich zur Gegenwart, und absolut das Land außerordentlich dünn bevölkert gewesen sein muß. Noch bildete Ackerbau fast die einzige Nahrungsquelle für die Bewohner, noch waren weite Strecken des Bodens, mit Wald und Sumpf bedeckt, dem Anbau entzogen. Es wäre interessant zu beobachten, wie mit dem Steigen der Bevölkerungszahl die Fortschritte der Landeskultur zusammengingen. Indessen versagt für die späteren Jahrhunderte der Anhalt völlig, den die Zeugenlisten der Urkunden bieten. Eigentlich erst mit dem XV. Jahrhundert beginnt in der Schweiz ein Aktenmaterial, das statistische Berechnungen der Landbevölkerung zuläßt[3]. Für die Karolingerzeit aber ließen sich wohl auch aus anderen Urkundengruppen ähnliche Ermittelungen anstellen, wie aus den St. Galler. So ergibt sich aus Fuldenser Traditionen eine doch nicht ganz unbeträchtliche Anzahl

[1]) Vergl. die, übrigens sehr anfechtbare, Geschichte der Alamannen als Gaugeschichte von J. Cramer, in Gierkes Untersuchungen zur deutschen Staats- und Rechtsgeschichte H. 57, Breslau 1899.

[2] S. F. v. Wyss, Abhandlungen zur Geschichte des schweizerischen öffentlichen Rechts, Zürich 1892, S. 288 n. 1; vgl. G. Meyer v. Knonau, Ein thurgauisches Schultheißengeschlecht des IX. und X. Jahrhunderts, in Jahrbuch f. Schweiz. Gesch. Bd. 2 (1877), S. 109 f.

[3] Solche sind schon im XVIII. Jahrh. angestellt worden von J. H. Waser, Bevölkerung des löbl. Kantons Zürich in verschiedenen Zeitaltern, in Schlözers Briefwechsel, meist historischen und politischen Inhalts, Bd. 6 (H. 32), S. 102ff., 2. Aufl., Göttingen 1780; vgl. Sophie Daszynska, die Bevölkerung von Zürich im XVII. Jahrh., Züricher Diss. 1891; s. auch F. Buomberger, Bevölkerungs- und Vermögensstatistik der Stadt und Landschaft Freiburg i. Ü., in Zeitschr. f. schweiz. Statistik, 36. Jahrgang, 1900, S. 205 ff.; und A. Lütolf, zur Geschichte der Vermögenszustände im Kanton Luzern, XIV. und XV. Jahrh., im Geschichtsfreund (Mitteil. des hist. Vereins der 5 Orte) Bd. 19 (1863), S. 301 ff. Ein Vermögensverzeichnis der Bewohner von Appenzell bei Zellweger, Geschichte des appenzellischen Volkes, Urkunden, Bd. 1, T. 1, S. 265, No. 118 zu 1378/9.

von Bewohnern der Stadt Mainz[1], und die Lorscher Traditionen[2] zeigen, daß im fruchtbaren Rheinfranken die Bevölkerung eine viel dichtere war als in der Nordostschweiz.

---

[1] Vgl. S. Rietschel, Die Civitas auf deutschem Boden bis zum Ausgang der Karolingerzeit, Leipzig 1894, S. 78 f. Statistisch verwertbar sind auch die Verzeichnisse der bei den Verfolgungen anlässlich des 1. Kreuzzuges (1096) und sonst erschlagenen Juden, in Quellen zur Geschichte der Juden in Deutschland, Bd. 3, das Martyrologium des Nürnberger Memorbuches, hg. v. S. Salfeld, Berlin 1898, für Mainz s. S. 113 ff.

[2] Im Codex principis olim Laureshamensis abbatiae diplomaticus, ed Academia Palatina, 3 Tom., Mannheim 1768.

IV

Zur Agrargeschichte der Nordostschweiz und angrenzender Gebiete vom 10. bis zum 13. Jahrhundert[1].

In der Frage nach der Grundbesitzverteilung und ihrer Bedeutung für die soziale Gliederung der Bevölkerung war ich für die Karolingerzeit zu folgendem festen Ergebnis gelangt. Eine neuerdings wieder aufgetauchte Ansicht[2], die in den freien Leuten nicht Bauern, sondern Grundherren erblicken will, trifft auf alamannische Gebiete nicht zu. In der Nordostschweiz sind freie Bauern im 8. und 9. Jahrhundert mit Bestimmtheit nachzuweisen. Insoweit ist die „herrschende“ Ansicht zutreffend, der Widerspruch dagegen unbegründet. Nun wird aber weiter ziemlich allgemein angenommen, daß eben die Karolingerzeit eine gewaltige Umwälzung aller sozialen und wirtschaftlichen Verhältnisse hervorgebracht habe. Der freie Mann versank nach der gangbaren Meinung in Hörigkeit, vom großen Grundbesitz wurde der kleine aufgesogen; die Grundherrschaft verschlang die Freiheit des Volkes. Im 10. Jahrhundert könnte es nur Herren und Knechte gegeben haben, eben die großen Grundherren geistlichen und weltlichen Standes und die von ihnen abhängigen Ritter, Bürger und Bauern. Nach dem 10. Jahrhundert hätte eine neue Entwickelung zur Freiheit eingesetzt, die im 13. Jahrhundert ihren Höhepunkt erreichte, wenigstens für die Bauern, deren Lage man nach einigen Erzeugnissen dichterischer Phantasie in rosigen Farben zu schildern pflegt.

Die grundherrliche Theorie, welche die freien Bauern für die Karolingerzeit leugnet, würde zugleich die große Krisis beseitigen,

---

[1] Veröffentlicht in den Jahrbüchern für Nationalökonomie und Statistik, hg. v. J. Conrad, 3. Folge, Bd. 24 (1902), S. 601 ff.

[2] Wittich, Die Grundherrschaft in Nordwestdeutschland, S. 104*ff.; vgl. dazu besonders Heck, Die Gemeinfreien der karolingischen Volksrechte, Halle 1900, S. 292 ff., und wiederum Wittich, Die Frage der freien Bauern, Zeitschr. d. Savigny-Stift f. Rechtsgesch., Bd. 22, 1901, S. 245 ff.

die damals eingetreten sein soll. Obgleich ich dieser Auffassung mich nicht anschließen kann, bin ich dazu gekommen, ihren Konsequenzen Zugeständnisse zu machen, nur daß ich den Spieß umkehre. Auch ich glaube nicht an eine durchgreifende Umwandlung des alten Zustandes im Reiche Karl des Großen; aber ich meine. der Stand der freien Bauern ist nicht zugrunde gegangen, sondern hat fortbestanden, wo er überhaupt vorhanden war. Daneben gab es natürlich, wie im 9. Jahrhundert so auch später, kleinere und größere Grundherren. Neu ist die Ausbreitung des kirchlichen Großgrundbesitzes und die seiner Bestimmung angemessene Organisation. Von einem Herabsinken der Freien in Hörigkeit als sozialer Massenerscheinung kann gar nicht die Rede sein. Wenn nicht alles täuscht, gab es am Ende der Karolingerzeit mehr persönlich freie Leute als am Anfang, der absoluten Zahl nach und relativ, im Verhältnis zu den Unfreien. Auch daß die Zahl der selbständigen landwirtschaftlichen Kleinbetriebe sich vermindert habe, ist durchaus unwahrscheinlich. Bei der lebhaften Rodungstätigkeit lässt sich vielmehr eine erhebliche Zunahme derselben vermuten. In ein Abhängigkeitsverhältnis zur Kirche haben allerdings viele freie Leute, sowohl Bauern als auch Grundherren, sich begeben, indem sie ihr Besitztum ganz oder teilweise tradierten und es zu Prekarie zurückempfingen, für sich und auch für ihre Nachkommen, oft unter Vorbehalt des Rückkaufs. Der Inhaber des beneficium blieb jedoch persönlich frei; der meist geringe Zins, den er zahlte, hatte wirtschaftlich wenig zu bedeuten.

Die eben dargelegte Auffassung vom Entwickelungsgange in der Karolingerzeit und der Lage der Dinge um die Wende des 9. und 10. Jahrhunderts bestimmt die Fragestellung für die Betrachtung der folgenden Epoche. Es mag sehr interessant und wichtig sein, die Aus- und Umbildung der Grundherrschaft kennen zu lernen. Vorgänge, denen die neuere Forschung mit Vorliebe nachgeht; aber aus dem Fronhof Ritterburg, Stadt und Dorf abzuleiten, wie das einst Nitzsch getan hat, war eine Paradoxie. Die nächstliegende Frage ist nicht: Wie haben sich die Hintersassen der Grundherrschaften zur Freiheit erhoben, sondern viel wichtiger ist einmal: In wie weit sind die freien Bauern im 10., 11., 12. Jahrhundert und später nachweisbar; und ferner: Was ist aus den so zahlreichen Inhabern der Prekarien geworden? Dazu kommt ein drittes Problem. nicht minder beachtenswert als die anderen: Welchen Einfluss haben Veränderungen der öffentlichen oder Staatsverfassung auf die rechtliche Lage des Grundbesitzes geübt? Es handelt sich hierbei um eine reinliche Scheidung zwischen der obrigkeitlichen und grundherrlichen Gewalt und dazu eventuell auch der leibherrlichen Gewalt, die aus den Rechten des Herrn auf die Person des Unfreien hervorgegangen ist. Alles drei muß möglichst scharf gesondert werden. Es ist nicht zulässig, jedes in späteren Quellen auftauchende Abhängigkeitsverhältnis als Überbleibsel ursprünglicher Unfreiheit zu deuten. Man gelangt sonst zu einer Epoche der allumfassenden Grundherrschaft als Ausgangspunkt der Entwickelung, während doch Staat und Gesellschaft der älteren Zeiten auf den freien Bauern aufgebaut werden. Darin liegt ein Widerspruch, der z. B. auch bei Lamprecht hervortritt, und den der hypothetische Untergang der freien Bauern in der späteren Karolingerzeit nicht zu heben vermag. Wie vorsichtig Rückschlüsse aus späteren Zuständen zu handhaben sind, auch wenn sie ganz sicher zu sein scheinen, ergab ein spezieller Fall in recht merkwürdiger Weise. Es wird ziemlich allgemein angenommen, daß die Grundherrschaft des Klosters Säckingen ursprünglich über ganz Glarus sich erstreckte, und daß alle Bewohner des Tales Säckinger Hörige waren. Dagegen hat eine sonst historisch wertlose und daher kaum ernstlich beachtete Legende gezeigt: Das 13. Jahrhundert wußte nichts von der Behauptung, daß das Land Glarus mit Grund und Grat dem Kloster zugehöre, und in den echten Urkunden, die erst später beginnen, ist bäuerliches Eigen nachweisbar[1].

Im folgenden wird es mir wesentlich darauf ankommen, Zeugnisse für das fortdauernde Vorhandensein freier Bauern vom 10.—13. Jahrhundert zusammenzustellen, doch sollen deswegen die anderen oben berührten Fragen nicht außer acht gelassen werden. Dabei möchte ich den Weg einschlagen, der sich schon für die Karolingerzeit zu bewähren schien, Betrachtung der Urkundengruppen nach ihrer Herkunft gesondert, also nach den Klöstern, aus deren Archiven sie stammen. Den Vortritt hat das Kloster, dem für das 8. und 9. Jahrhundert fast allein die Urkunden zu danken sind, St. Gallen.

In den späteren Jahrhunderten ist das St. Galler Material weit weniger reichhaltig. Bei Wartmann, Urkundenbuch der Abtei St. Gallen, Bd. 3, und in den Anhängen finden sich aus den Jahren 920—1000 42 Urkunden, 1001—1100 8, 1101—1200 24, für 1201—1250 wieder 144, darunter freilich viele Papstbriefe aus

[1] Vgl. meine Bemerkungen „zu Kap. 40 der vita S. Fridolini", Anz. f. Schweiz. Gesch., 1901, S. 444 ff.

dem vatikanischen Archiv. Die eigentlichen St. Galler Urkunden des 13. Jahrhunderts sind im Vergleich zu denen anderer Provenienz nicht sehr zahlreich. Auch hatte damals das Kloster seinen Charakter bereits völlig verändert; es war der Mittelpunkt eines in der Ausbildung begriffenen Territorialstaats geworden. Dem entsprechen die Urkunden, die vielfach auf Angelegenheiten der ritterlichen Lehnsträger sich beziehen, oder auf rein politische Angelegenheiten, oder auch auf die Verwaltung des Fürstentums. Im 10. Jahrhundert war das Kloster seinen Traditionen noch nicht untreu geworden. Wohl beschäftigten bereits den Abt der Reichsdienst und weltliche Angelegenheiten mehr, als es sich für den Nachfolger des h. Gallus geziemen mochte, die Mönche waren asketischer Strenge abhold; aber die Klosterschule blühte, gar viele ihrer Zöglinge stiegen zu den höchsten Würden empor und verbreiteten den Ruhm der Gelehrsamkeit St. Gallens in alle Lande. Die Urkunden des 10. Jahrhunderts, von 920 an, sind nicht zahlreich, nur 42, davon 8 Königs-, 1 Papsturkunde und 4, die mit dem Kloster unmittelbar nichts zu tun haben. Die 29 eigentlichen St. Galler Privaturkunden gleichen noch denen der vorhergehenden Epoche nach Form und Inhalt, zeigen jedoch auch mancherlei Abweichungen. Es finden sich unter ihnen freie und bedingte Traditonen, auch solche mit Rückkaufsvorbehalt, dazu Vertauschungen. Die Objekte der Traditionen sind selten genauer beschrieben, sind aber offenbar stets geringeren Umfanges. Der Prekarienzins beläuft sich fast durchgängig auf 1 den., ist also gleich dem niedrigsten früher vorkommenden Betrage. Bemerkenswert sind eben die Abweichungen, die mannigfachen Klauseln bei dem Prekariengeschäft. In ihnen offenbart sich eine Fortentwicklung der älteren Zustände. Ich muß darauf näher eingehen.

Es wäre nichts ganz Neues, daß der Tradent sich Mitbenutzung, nicht der gemeinen Mark, sondern von Wald und Weide, die dem Kloster gehören, zugestehen läßt. Das war schon früher vorgekommen. Viel merkwürdiger ist, daß als Inhaber des zu Prekarie zurückgegebenen Gutes nicht mehr ausschließlich der Tradent und seine Nachkommen genannt werden. Das Leihegut erscheint auch veräußerlich. Etwas unklar ist das in No. 810. 965 ausgedrückt. Der Tradent und seine Frau sollen das Gut auf Lebenszeit inne haben, Zins 1 den.; nach ihrem Tode soll den Zins zahlen „quisquis meam precariam habuerit“. Unter Prekarie kann hier nur die Prekarienurkunde verstanden werden, die vom Kloster dem Tradenten ausgestellt wurde und in seiner Hand blieb.

Das zeigen ältere Urkunden (No 710. 897 und 759. 909), in denen jedoch nur von einmaliger Verfügung über das geliehene Gut durch den Tradenten selbst die Rede ist. Er soll es auf Lebenszeit behalten und ebenso „cui ego precariam commendo", oder „quibus ego precariam dabo". Mit dem Ableben des oder der zweiten Inhaber endet das Leiheverhältnis; das Gut fällt ans Kloster zurück. Nach der Urkunde von 965 hingegen ist das Leiheverhältnis zeitlich unbegrenzt. Wer die Urkunde hat und den Zins zahlt, ist rechtmäßiger Inhaber des Gutes, also die Erben oder andere Rechtsnachfolger des Tradenten. Das Leihegut darf veräußert werden.

Verkauf des Leihegutes wird ausdrücklich gestattet in No. 780. 920, allerdings mit erheblichen Beschränkungen. Falls die Inhaber in Not sind und das Gut zu verkaufen beabsichtigen, sollen sie es zuerst dem Kloster anbieten. Wenn dieses von seinem Vorkaufsrecht keinen Gebrauch macht, darf das Gut an censarii oder mansionarii des Klosters veräußert werden. Als census wurde der von den Prekariengütern zu entrichtende Zins durchgehends bezeichnet; censarii sind also die Inhaber der mit dem census belasteten Leihegüter, die Zinsleute.

Im Gegensatz zu ihnen würden mansionarii die Inhaber der mansi sein, der grundherrlichen Hufen im Fronhofsverband. Mit dem Recht auf den Boden muß sich das Recht der Person nicht durchaus decken. Man darf gewiß in den censarii der überwiegenden Mehrzahl nach freie Leute erblicken, Nachkommen von Tradenten, die den Übergang des in Leihegut verwandelten Eigentums auf ihre gesamte Nachkommenschaft zur Bedingung gestellt hatten. Es gab aber auch Leihegut, das nicht aus einer Tradition mit nachfolgender precaria oblata stammte, sondern das vom eigentlichen Klostergut herrührte und mittelst precaria data vergabt worden war. Die precaria data gleicht ja der precaria oblata, nur daß ihr nicht die traditio vorangeht, wenigstens nicht unmittelbar. Jedenfalls wurde recht häufig das aus precaria oblata stammende Gut nach Ablauf der Heimfallsfrist zu gleichem Recht, etwa unter Erhöhung des Zinses, an Nachkommen des Tradenten weiter verliehen, die nicht mehr Anspruch darauf besaßen. Ein Beispiel hierfür bietet schon eine ältere Reichenauer Formel[1].

Auch an reinen precarie date hat es schwerlich gefehlt. Erwähnt wird eine solche in einer Tauschurkunde, No. 782. 921. Amal-

[1] Formulae Augienses Coll. B, No. 17; Mon. Germ. Formulae, ed. Zeumer, S. 355.

bert tauscht 12 Joch in Hohenfirst gegen ebensoviel in Helfenswil, wofür er als Zins 2 Hühner gibt. Außerdem hat er Land, „quae mihi a monachis in beneficium praestita est“; dafür soll er 5 Malter entrichten, je 2 Wochen im Frühjahr und im Herbst Arbeit leisten und 2 Tage Heu mähen. Der bäuerliche Charakter dieses Rechtsgeschäftes liegt zutage, und Amalbert, der sich sogar zu erheblichen Fronden versteht, hat doch Eigengut besessen.

Selbst Leute unfreien Standes schlossen Prekariengeschäfte. No. 803. 953/4. Pernhart tradiert „propter servitutem meam“ das von seinem Vater Adalman in Hohenfirst erworbene und ihm übergebene Eigengut und erhält es gegen Zins, 2 Hühner oder 1 Scheffel Korn, für sich und seine Erben zurück. Offenbar war Pernharts Mutter eine Leibeigene des Klosters gewesen, der freie Vater vererbte ihm also auch nicht sein Stammgut. Es haben sogar Unfreie Eigengut erworben. Nach No. 793. 933/42 gab Penzo, ein servus s. Galli, seinen Erwerb an St. Gallen zu Tausch und erhielt dafür anderes Land auf sein und seiner Söhne Lebzeiten ohne Zins. Wie unter den censarii Unfreie, so mögen sich unter den mansionarii Freie befunden haben. Verleihung grundherrlicher Hufen an Freie war ja schon zur Karolingerzeit auf alamannischem Stammesgebiet üblich. Das Recht am Boden und das Recht der Person durchkreuzen sich und heben einander nicht auf. Wie stand es mit der obrigkeitlichen Gewalt über die censarii? Auch darüber geben St. Galler Privaturkunden des 10. Jahrhunderts Auskunft. Für eine volle Würdigung ihres Zeugnisses ist jedoch noch anderes zu berücksichtigen.

In der Karolingerzeit kann die Immunität des Kirchengutes sich nicht ohne weiteres über die Inhaber von Prekarien erstreckt haben. Wenn Grafen oder größere Grundherren ihre Güter tradierten und zu Zins zurückerhielten, so sind sie nicht Hintersassen von St. Gallen geworden. Die Immunität galt für „homines ipsius monasterii tam ingenuos quam et servos super terram ipsius commanentes“ (No. 234. 818), also höchstens für die freien Zinsleute, die wirklich auf dem Boden des Klosters ihren Wohnsitz hatten und gar kein oder nur wenig Eigengut besaßen. Über sie würde der Vogt eine Gerichtsbarkeit geübt haben, die nach der herrschenden Ansicht derjenigen des Centenar gleich stand; vor dem Grafengericht vertrat er sie. Unklar und mehrdeutig ist immerhin die angeführte, übrigens in den karolingischen Immunitäten allgemein gebräuchliche Formel. Gegen Ende des 9. Jahrhunderts hin traten Bestrebungen hervor, den Inhalt der Immunität möglichst weit auszudehnen. Für St. Gallen hat der Abtbischof Salomon einen dahingehenden Versuch unternommen[1].

Als der König Ludwig das Kind noch ganz jung war, im Jahre 901 (No. 720), stellte er eine Urkunde aus über Schlichtung eines Streites zwischen St. Gallen und Konstanz, Zinsleute zu Berg betreffend. Hinzugefügt ist eine Bestätigung der Privilegien St. Gallens, die mit dem eigentlichen Gegenstand der Urkunde nichts zu tun hat und überdies mehr besagt als die älteren Immunitäten. Es soll an allen Orten und über alle Leute, die zum Kloster gehören, kein Graf, Centenar oder öffentlicher Beamter irgend eine Gewalt haben, Gericht zu halten, Abgaben einzutreiben oder sonst Beschwerde zuzufügen. Die Leute sollen nur bei den Vögten des Klosters zu Gericht stehen. Diese verhängen über sie die Bußen, deren sie sich schuldig machen.

Unter den „homines ad monasterium pertinentes“ können sämtliche Zinsleute verstanden werden. Jedenfalls erscheint die richterliche Gewalt der Vögte erhöht; sie erhalten die Kriminaljurisdiktion mit Ausschluß nicht nur des Centenars, sondern auch des Grafen.

Allem Anschein nach hat Abtbischof Salomon diese Erweiterung der Immunität erschlichen. Die Urkunde von 901 ist 3 Jahre später nochmals ausgefertigt worden (No. 730), von Wort zu Wort übereinstimmend; aber der Passus betreffs Bestätigung der angeblichen alten Rechte fehlt. Dafür hat St. Gallen 903 (No. 726) eine spezielle Immunitätsbestätigung empfangen, die an den entscheidenden Stellen nur den Text der älteren Privilegien wörtlich wiedergibt. Die Bestätigung erfolgte auf einem Reichstage zu Forchheim, dessen Teilnehmer als Intervenienten aufgezählt sind. Die Laien überwiegen. Anwesend waren unter anderem der rhätische Markgraf Burchard, der nach dem Herzogtum strebte, und sein Bruder Graf Adalbert vom Thurgau. Die Grafen wollten offenbar von einer Schmälerung ihrer Amtsgewalt nichts wissen; Salomon mußte zurückweichen. Er hat es ihnen vergolten; Adalbert und Burchard sind keines natürlichen Todes gestorben[2].

Die Immunitätsbestätigung von 903 ist die letzte, welche die karolingische Formel enthält. In der Bestätigung durch Konrad I.

[1] An den folgenden, auf den speziellen Fall bezüglichen Ausführungen muß ich auch nach Seeliger, Die soziale und politische Bedeutung der Grundherrschaft im früheren Mittelalter, Abh. d. phil.-hist. Klasse der k. sächs. Ges. d. Wiss. Bd. 22, No. 1, Leipzig 1903, festhalten.

[2] Vergl. Dümmler, Gesch. d. ostfränk. Reiches 3, 569 f.

(No. 767. 912) fehlt sie; aber hier ist überhaupt jede nähere Bestimmung des Inhalts der Immunität vermieden. Konrad I. wollte es damals weder mit Salomon noch mit den weltlichen Großen verderben. Heinrich I. hat erst 926 die Immunität von St. Gallen bestätigt (No. 786), lange nach seinem Regierungsantritt und seiner Anerkennung in Alamannien. Im Jahre 926 war auch der erste Alamannenherzog, Burchard, schon tot. Es hat vielleicht der König auf dem gleichen Tage zu Worms, wo er die Urkunde für St. Gallen ausstellte, zum Nachfolger Burchards den Franken Hermann eingesetzt[1]. Die Urkunde Heinrichs I. will die älteren Privilegien bestätigen: „sicut cartarum textus enuntiat", enthält aber für die Immunität eine neue Formel.

Das Kloster soll von Weltlichen nur dem König untertan sein, „cum personis intrinsecus vel forinsecus sibi coherentibus", also mit den Leuten, die innen und außen in irgend einem Zusammenhang mit ihm stehen, und mit allem Land, bebautem und unbebautem, das ihm aus rechtmäßiger Schenkung gehört. Auch soll es von keiner Person höheren oder niederen Ranges beschwert werden, noch irgend eine Vorschrift oder Gerichtszwang (districtio) erdulden. Die von Heinrich I. angewandte Formel kehrt in allen noch vorhandenen Immunitätsbestätigungen seiner Nachfolger wieder (Otto I. No. 794. 940, Otto II. No. 813. 973, Otto III. No. 818. 994, Heinrich II. No. 819. 1004, Konrad II. No. 821. 1025). Die Urkunden sind, mit Ausnahme der Ottos III., jeweils bald nach Regierungsantritt der Herrscher ausgestellt. In anderen Klosterimmunitäten der Ottonenzeit trägt die Formel eine andere Fassung.

Heinrich I. muß auf dem Reichstag zu Worms Verfügungen für St. Gallen getroffen haben, die sehr lange Geltung behielten. Eins ist ohne weiteres klar. Das Privileg richtet sich gegen den Herzog. Burchard I. hatte die königlichen Rechte über St. Gallen in weitgehendstem Maße ausgeübt, indem er sogar Güter des Klosters seinen Vasallen zu Lehen gab[2]). Das sollte nicht mehr vorkommen. St. Gallen blieb dem König allein überlassen, es wurde wieder reichsunmittelbar. Der landfremde neue Herzog mußte wohl dem König, dem er seine Erhebung verdankte, Zugeständnisse machen.

Wesentlich ist ferner: Im 10. Jahrhundert erscheint die Gerichtsbarkeit des Vogts weiter ausgedehnt, als sie es im 9. gewesen sein kann. Es wird in den Privaturkunden vom öffentlichen

---

[1] Vergl. Waitz, Jahrb. Heinrichs I.[3], S. 89 ff.

[2] Vita s. Wiboradae Kap. 25; Mon. Germ. Scriptores 4, 453.

Gericht (publicus mallus) des Vogts gesprochen, zuerst in No. 797. 947/48. Ein Tradent, der sein Gut für sich und seine Nachkommen gegen Zins zurückerhält, No. 807. 959/60, verlangt, daß sie niemals zu einer anderen Gerichtsstätte geladen werden als nach Jonswil, wohin sie den Zins entrichten. Ein anderer Tradent, No. 809. 964, will sein Gut um 4 den. loskaufen, wenn er von den Beamten (de potestate) des Klosters Unbill erleidet und beim Vogt nicht Recht finden kann. Besonders erstere Urkunde zeigt, daß die Gerichtsbarkeit des Vogts sich jetzt auch über die freien Zinsleute, die Prekarieninhaber, erstreckte.

Die Erweiterung der Befugnisse des Vogts ist als eine Konsequenz der Immunitätsbestätigung Heinrichs I. aufzufassen. Damit ging jedenfalls eine Veränderung in der Besetzung des Amtes Hand in Hand. Im 9. Jahrhundert fungierte jeweils eine ganze Anzahl von Vögten nebeneinander für verschiedene Bezirke[1]. Noch in der Urkunde Ludwigs des Kindes von 901 (No. 720) ist von „advocatos“ (in der Mehrzahl) die Rede. In den Urkunden des 10. Jahrhunderts (seit 920) erscheinen 3 Vögte, Amalung, Notker und Wito, nacheinander, und zwar für ihre Zeit fast ausschließlich, sodaß neben ihnen andere Vögte nur ausnahmsweise genannt werden[2]. Eben Notker und Wito saßen „in publico mallo“ zu Gericht (No. 797. 947/8, 812. 971, 815. 976). Zur Zeit des Investiturstreites ist in der historiographischen Überlieferung nur von einem Vogt des Klosters die Rede, von Lutold, dem Gegner des Abtpatriarchen Udalrich[3]. Später scheint Udalrich von Gammertingen im erblichen Besitz der Vogtei gewesen zu sein. Erst nach dem Tode seines jungen Sohnes vergabte der Abt das Amt anderweitig an Graf Rudolf von Pfullendorf[4], ein Vorgang, über den auch eine Urkunde von 1166 vorliegt[5]. Somit ist als Inhaber der erweiterten Vogteigewalt der Hauptvogt des Klosters, der Kast- oder Schirmvogt, zu betrachten, wenn auch die Frage offen bleibt, ob die Bezirksvögte ganz durch ihn verdrängt worden sind.

In den bisherigen Darlegungen über die Vogtei bin ich nicht wesentlich von den Ergebnissen abgewichen, zu denen Friedrich v. Wyss gelangt ist[6]. Ich betone nur ein Moment stärker: den

[1] Vergl. die Zusammenstellung der St. Galler Vögte von Meyer von Knonau, St. Galler Mitt. z. vaterl. Gesch. Bd. 12, S. 140ff.

[2] Ibid. Bd. 15, Exkurs 1, S. 453ff.

[3] Cont. cas. St. Galli Kap. 22, ibid. 17, 50.

[4] Cont. cas. St. Galli Kap. 39, ibid. 103f.

[5] Wartmann, St. G. U. Bd. 3, Anhang No. 17.

[6] Abhandl. z. Gesch. d. schweiz. öff. Rechts S. 298ff.

engen Zusammenhang der Verfassungsentwickelung mit der äußeren Geschichte in den Zeiten des Übergangs vom karolingischen zum deutschen Reich. Die Frage nach der Stellung der censarii hat in den Kämpfen, welche die Entstehung des alamannischen Herzogtums begleiteten, gewiß eine ganz erhebliche Rolle gespielt; sie wurde von Heinrich I. offenbar weniger noch zugunsten der Kirche als des Reichs gelöst. Die Besitzungen des reichsunmittelbaren Klosters werden jeder Einwirkung der lokalen Gewalthaber entzogen. So bieten sie dem vom König eingesetzten Abt und seinem weltlichen Arm, dem Vogt, die materielle Grundlage zur Wahrnehmung der Reichsinteressen gegenüber den Sonderbestrebungen der weltlichen Großen.

Ich möchte ferner hervorheben: Unter der Erweiterung der Immunität birgt sich eine Überlassung obrigkeitlicher Rechte an die Grundherrschaft, aber der Kastvogt ist nicht schlechthin ein grundherrlicher Beamter. Seine Befugnisse schreiben sich vom König her, wie die des Grafen. Das zeigt schon die nach allgemein gültigem Landrecht erforderliche Bannleihe durch den König an den Vogt. Die freien censarii, die den mallus des Vogts aufsuchen müssen, büßen dadurch ihre persönliche Freiheit nicht ein. Sie sind nicht Hörige des Grundherrn geworden, nur in ihrem öffentlich-rechtlichen Verhältnis ist eine Änderung eingetreten. Der König hat statt des Grafen einen anderen Richter über sie gesetzt.

Die wirtschaftlichen Beziehungen der censarii zum Kloster können durch die Verfassungsänderung nicht berührt worden sein. Die freien Zinsleute entrichteten auch ferner den Prekarienzins an die festgesetzten Ablieferungsstätten. Allerdings erscheint der ihnen für Aufrechterhaltung der Verträge zukommende Rechtsschutz gemindert, weil Klagen wegen Verletzung derselben durch das Kloster nur vor den Klostervogt gebracht werden können; aber der Vogt ist Richter, nicht Partei, in seinem mallus urteilt der aus Standesgenossen des Klägers zusammengesetzte Umstand, und schließlich, wenn Rückkauf vorbehalten war, lag es im Belieben des Zinsmanns, wieder unter die Gerichtsbarkeit des Grafen zurückzutreten. Immerhin mochten den Menschen des 10. Jahrhunderts die weltlichen Nachwirkungen der für das Seelenheil gemachten Traditionen als zu weitgehend erscheinen. Aus der Zeit nach 926 sind nur noch sehr wenige precarie oblate alten Stils erhalten. Der Wunsch, das Gericht des Grafen mit dem des Vogts zu vertauschen, war schwerlich ein lebhafter und allgemeiner. Mit der

Konsolidation der St. Galler Besitzungen vermöge Ausdehnung der Immunität und Vogteigerichtsbarkeit war die Periode der Besitzerweiterungen durch Schenkung geschlossen. Indem die censarii kraft eines Aktes der Staatsgewalt von den übrigen Freien gesondert werden, erreicht auch schon die Bildung der Klasse ihren Abschluß. Mindestens durch Traditionen an St. Gallen können die noch vorhandenen freien Bauern, die unmittelbar unter dem Grafen standen, nicht mehr wesentlich an Zahl sich verringert haben, aber aus dem St. Galler Material ergibt sich auf lange hin nichts mehr über ihre Verhältnisse. Es ist nötig, in anderen Quellen die Leute aufzusuchen, deren Vorfahren nicht in der Karolingerzeit durch Verwandlung des Eigenguts in Zinsgut den Grund legten zu einer Veränderung ihrer privat- und öffentlich-rechtlichen Stellung.

Für das 10. Jahrhundert fehlen aus alamannischen Gebieten die zur Ermittelung der Grundbesitzverhältnisse in der früheren Epoche verwendbaren Traditionen an Kirchen. Der Schenkungseifer war erlahmt; darunter hatten nicht nur die alten, sondern wohl auch neu gegründete Klöster zu leiden. Ein solches ist Petershausen bei Konstanz, über dessen Geschichte die auf Urkunden beruhende Chronik des Klosters[1] vortrefflich unterrichtet. Da findet sich nichts von Beiträgen kleiner Leute für den frommen Zweck. Bischof Gebhard von Konstanz, ein Grafensohn, hat Petershausen aus eigenen Mitteln gebaut und mit Landbesitz ausgestattet. Auch der König, Otto III., zeigte sich freigebig. Später tradierte einmal eine fromme Frau das halbe Dorf Pfrungen im Linzgau und das zugehörige Gut Tafern; aber ausschließlich mit großen Herren hatte auch das Kloster Petershausen nicht zu tun. Zum Jahre 1146 berichtet die Chronik: Als Hunger das Volk weit und breit bedrückte, da kamen, durch Not bewogen, einige Leute aus Tribeltingen und Taegerweilen zum Kloster und tradierten sich und ihre Gütlein (possessiunculas). Einige konnten aber die Tradition nicht rechtsgültig machen, weil die Besitzungen an Reichenau zinspflichtig (tributarie) waren. Demzufolge waren also die anderen wohl imstande, über ihre Person und ihr Land frei zu verfügen; es waren freie Bauern.

Eine Zeit religiöser Erregung führte der Investiturstreit für Alamannien herbei. Von der Wirksamkeit der Hirschauer Mönche weiß der zeitgenössische Bernold gar Wundersames zu berichten[2].

[1] Casus monasterii Petrishusen, Mon. Germ. SS. 20, 621 ff.
[2] Mon. Germ. SS. 5, 453 zu 1091.

Unzählige Töchter von Landleuten verzichteten auf die Ehe und weltlichen Wandel; ja ganze Dörfer wurden geistlich und suchten einander durch Heiligkeit der Sitten zu übertreffen. Die Edlen waren in der Devotion den geringen Leuten vorangegangen[1]. Sie legten die Waffen nieder und traten (als conversi) in die Klöster St. Blasien, Hirschau, Allerheiligen (bei Schaffhausen) ein, in so unzählbarer Menge, daß die Baulichkeiten nicht ausreichten. Dort verrichteten sie die niedrigsten Dienste. Die einst in der Welt Grafen und Markgrafen waren, rechneten es sich zur Ehre, den Brüdern in der Küche zu dienen oder ihnen Schweine zu hüten. Nachwirkungen solcher Sinnesrichtung müssen in den Schenkungen an die Klöster wiederzufinden sein.

Aus Allerheiligen (Schaffhausen) liegen Traditionsurkunden vor[2], die meisten vom letzten Jahrzehnt des 11. und dem ersten Jahrzehnt des 12. Jahrhunderts. Sie erinnern nach Form und Inhalt gar sehr an diejenigen der Karolingerzeit. So No. 16. 1093. Gozpert tradiert mit der Hand eines seiner Söhne und Zustimmung seiner Gattin all sein Eigentum zu Bibern im Hegau an das Kloster. in das er zugleich mit Frau, Tochter und zwei Söhnen eintritt; das ist eine treffliche Illustration zu Bernold. Ein Bauer war jedoch dieser Gozpert nicht. Es gehörten Unfreie zu dem von ihm tradierten Besitztum, und dieses war nicht alles, was er hatte; das übrige wird an den weltlich gebliebenen Sohn gefallen sein. Immerhin mochte Gozpert noch zu den geringeren nobiles gehören; andere vergabten mehr, so Ogoz, No. 37. 1101, sein Erbgut an 6 Orten im Aargau und Hegau mit zubehörenden Unfreien. Eigentümer der geschenkten Güter waren die Tradenten wohl durchgehends. Auch Gerold, No. 22. 1094, der für das Seelenheil seines Herrn, des Grafen Burchard, all sein Eigentum zu Schneit im Thurgau tradierte, erwähnt nicht die Zustimmung irgend eines Lehnsherrn. Gerade hier fehlt freilich die Erwähnung der Unfreien unter dem Zubehör des Gutes. Dieselbe Erscheinung findet sich noch in einigen anderen Urkunden, wenn auch bei weitem in der Minderzahl. Ich möchte den Umstand, daß Unfreie nicht zum Gut gehörten, noch nicht als untrüglichen Beweis dafür ansehen, daß der Besitzer eine bäuerliche Lebensweise führte. Die Urkunden von Allerheiligen rühren eben von den nobiles her, deren Bernold gedenkt, und sie zeigen, daß die Klasse der kleineren Grundherren. die zur Karolingerzeit recht zahlreich war, sich ganz vortrefflich

[1] Ibid. 439 zu 1083.

[2] Ediert von Baumann in Quellen z. Schweizer Gesch. Bd. 3, T. 1.

konserviert hat. Sie haben ihr Eigengut frei vom Lehnsnexus erhalten und verfügen über den Boden und die Hörigen wie früher. Es muß zur Zeit Heinrichs IV. eine sehr ansehnliche Zahl freier Herren im südlichen Alamannien gegeben haben; noch viele Namen finden sich in den Zeugenlisten.

Die freien Bauern sind anderwärts zu finden, zunächst im Rotulus Sanpetrinus, dem Traditionenverzeichnis des Klosters St. Peter im Schwarzwald[1]. Nicht weniger als 33 Erwerbsakte hat dieses Kloster an einem Orte vollzogen, zu Malterdingen, bei Emmendingen am Rande der Rheinebene gelegen, nicht etwa im Gebirge; es ist also kein Ort junger Entstehung. Die meist angekauften Objekte sind nicht beträchtlichen Umfangs, nur einzelne Äcker, Wiesen, ein Weinberg, höchstens ein „predium“, ganz oder teilweise. Unter den Veräußerern kehren nicht häufig die gleichen Namen wieder. Als Kuriosität nenne ich den Presbyter Berthold und seinen Sohn Diethalm. Gelegentlich sind Leute, die in einem Akt als Verkäufer erscheinen, in anderen Zeugen. Daß ihre Verfügungsfreiheit über den Boden Beschränkungen unterlag, dafür ist kein Anzeichen vorhanden. Daß sie persönlich freien Standes waren, dafür spricht die öfters dem Namen beigefügte Bezeichnung als liber homo. Um sie als Freiherrn anzusehen, ist die Zahl zu groß für einen Ort, selbst wenn der eine oder andere seinen Wohnsitz in der Nachbarschaft und zu Malterdingen nur einigen Besitz gehabt haben sollte. So tradierte Růzo, ein liber homo, für sein Seelenheil „patrimonia sua“, wohl all seinen Besitz, nämlich zu Buchheim einen Hof mit zwei Gebäuden, 20 Joch Acker und Wiesen, zu Malterdingen einen Weinberg. Růzo war also ein freier Bauer, der an zwei Orten Besitz hatte.

Die auf Malterdingen bezüglichen Akte gehören wohl erst dem 12. Jahrhundert an. Gerade in die Zeit des Investiturstreits hinein führt die notitia fundationis von Kloster St. Georgen auf dem Schwarzwald[2].

Der Personenstand der Tradenten ist hier fast stets genau angegeben. Da finden wir denn milites, gewöhnliche Ministerialen und freie milites, etwa (No. 112) Heinricus de Stouphenberg „militaris homo libertate nobilis“, der 41 Hufen tradiert, selbst geradezu (No. 36) „egregii de nobilitate iuvenes“, Burchard und seinen Bruder Konrad, die ein halbes Dorf und 16 Hufen an zwei anderen Orten

---

[1] Ediert im Freiburger Diözesanarchiv Bd. 15, S. 135ff.

[2] Ediert in Ztschr. f. Gesch. d. Oberrhein Bd. 9, S. 193ff.; vergl. Roth v. Schreckenstein, ibid. 37, 338ff.

tradieren. Ritterlicher Lebensart sind jedenfalls auch die mehrfach genannten capitanei. So bleibt nichts übrig, als in den liberi homines Leute freien Standes zu erblicken, die nicht Ritter waren. Solche liberi muß es mancher Orten in beträchtlicher Anzahl gegeben haben. Zu 1094 (No. 73) werden ihrer acht genannt, die von ihrem Eigentum im Dorfe Dauchingen einer zwei Joch, die anderen je ein Joch tradierten. In den liberi ausschließlich arme Leute zu erblicken, wäre nicht angebracht. Arnolt, liber iuvenis, der sein ganzes Allod tradierte, gab 4 Hufen mit 12 Unfreien (No. 51), auch Rupertus, vir liber, gab 4 Hufen (No. 28); aber anderweitig sind denn doch die Traditionen der liberi recht klein. Gozolt, ein liber homo, gab in Stephansweiler 1 area, 6 Joch Acker, Wiesen zu 2 Fuhren Heu; sein Vetter Bernhere gab am selben Ort 2 Joch Acker, einen Teil eines saltus und eine Wiese zu 1 Fuhre Heu (No. 75, 76).

Solche Zeugnisse weisen darauf hin, daß noch zur Zeit des Investiturstreits die ländlichen Verhältnisse nicht gänzlich verschieden von denen der Karolingerzeit waren. Noch bildeten die Freien einen Mittelstand, vielfach abgestuft nach Größe des Besitzes, aber streng geschieden von den Unfreien. Wohl haben neue Zwischenstufen sich ausgebildet: die freien Zinsleute bäuerlichen Charakters und die ritterlichen Dienstleute der großen Herren; auch haben sich jedenfalls die Edelfreien schärfer von ihren Standesgenossen gesondert, als das früher der Fall war; das numerische Verhältnis der verschiedenen Klassen läßt sich nicht einmal annähernd schätzen. Zu beachten wäre jedoch, daß die natürliche Vermehrung der Bevölkerung die Zahl der nicht ritterlichen Freien immer wieder verstärkt haben muß, so viel auch der Stand durch Abgabe an andere Klassen einbüßen mochte.

Die Blüte der Klöster von der Hirschauer Kongregation hat nicht lange angehalten. Eine neue, jüngere Schicht von Klöstern kam im 12. Jahrhundert empor: die des Prämonstratenser- und Cisterzienserordens, deren Verdienste um das Wirtschaftsleben man zu rühmen pflegt. Die Mönche der jungen Stiftungen mußten eben tätiger sein als die der alten. Wenn sich auch die Gunst der Gläubigen vorzugsweise den Neugründungen zuwandte, der äußere Umfang der Landschenkungen wurde geringer. Ganze Villikationen zu vergaben, daran konnte im 12. und 13. Jahrhundert nicht so leicht jemand mehr denken. Die Mönche mußten auf ihren Grangien Eigenbau treiben.

Dem Cisterzienserorden gehört das Kloster Salem an, im Linzgau gelegen, in der Gegend nördlich vom Bodensee, über die wir gerade schon aus der Karolingerzeit sehr gut unterrichtet sind. Der Urkundenschatz des Klosters ist in ausnahmsweiser Vollständigkeit erhalten[1]. Er zeigt vor allem einen Umstand mit vollendeter Deutlichkeit, daß nämlich im 12. Jahrhundert und bis tief ins 13. hinein über kleinere Traditionen und Käufe Urkunden gar nicht ausgefertigt wurden. Ergänzend treten die Traditionsnotizen der Acta Salemitana ein[2]. Hier finden sich die freien Bauern wieder. So geben zu Beuren und Rhena Burchard, Hiltebert und des letzteren Sohn Ulrich einige praedia, die sie zu Eigentum besaßen. Mehrere Traditionen von liberi liegen aus Mühlhofen vor, viele aus Buchheim. Ich gehe jedoch nicht darauf näher ein, sondern auf eine Urkunde, die über die allgemeinen Verhältnisse der Freien die erwünschteste Auskunft gibt. Es ist No. 35 von 1185, Beurkundung eines durch Herzog Friedrich von Schwaben im Herzogsgericht gefällten Urteilspruchs. Der Tatbestand ist folgender: Zwei liberi homines, Eberhard und Ulrich, haben ein predium an Salem tradiert. Der Graf des Linzgaues, Conrad v. Heiligenberg, nahm dem Kloster das Gut weg, weil nach seiner Behauptung kein Freier in seiner Grafschaft das Recht hatte, ohne seine Zustimmung Eigengut einem Kloster oder einer Kirche zu übertragen. Das ist nur so zu erklären: Durch die Übertragung an eine Kirche wird das Gut dem Machtbereich des Grafen entzogen, es steht fortan unter dem Kirchenvogt. Der Graf büßt die öffentlich-rechtlichen Leistungen ein, die er von dem freien Eigentümer zu fordern hatte. Das Herzogsgericht entschied den speziellen Fall in allgemein gültiger Weise: Liberi homines dürfen ihre predia jeder beliebigen Kirche geben und wem sie sonst wollen. Die Entscheidung steht in Einklang zur lex Alamannorum tit. I. 1. Jeder Freie darf seine Habe oder sich selbst an eine Kirche tradieren, und es soll niemand Widerspruch dagegen erheben, weder der Herzog, noch der Graf, noch sonst eine Person. Andererseits aber ist es begreiflich, daß die Grafen sich gegen Schmälerung ihrer Rechte und Einkünfte wehrten. Darauf deutet doch wohl schon die Ausdrucksweise der lex Alamannorum hin, dafür legt der Kampf um die Stellung der censarii am Anfang des 10. Jahrhunderts Zeugnis ab, und der Widerstand gegen den der Kirche günstigen Rechtssatz war durchaus nicht immer erfolglos.

---

[1] Codex diplomaticus Salemitanus, ed. v. Weech, 3. Bd., Karlsruhe, 1883 ff.

[2] Zeitschrift für Geschichte d. Oberrhein Bd. 31, S. 47 ff.

Später hat Salem das Recht der Grafschaft gewissermaßen anerkannt. In No. 211. 1241 beurkundet Graf Wolfrad von Veringen, daß von einem durch Salem erworbenen predium zu Ertingen ihm „ratione comitatus“ kein „servitium“ zustehe. Er hatte solches gefordert, war aber durch seine ältesten Ministerialen und andere Leute vergewissert worden, daß er keinen Anspruch habe, denn das Gut ging von den Grafen von Helfenstein zu Lehen, deren Eigentum es war. Also auf Lehngut hat der Graf ratione comitatus keinen Anspruch, wohl aber auf Eigengut der Freien. Der Abt von Salem war recht vorsichtig, wenn er sich ausdrücklich beurkunden ließ, daß es sich in diesem Falle nicht um solches handle. Bei Vernachlässigung der gräflichen Ansprüche gab es ärgerliche Streitigkeiten. Das zeigt No. 166. c. 1229. Da wird erzählt, daß Konrad Wenige von Lautrach, ein liber homo, sich und sein predium in Lautrach dem Kloster tradiert hat; aber der Graf Hartmann von Württemberg suchte die Schenkung zu hindern, weil das Gut in seiner Grafschaft lag. Nach langem Prozessieren erhielt das Kloster formell Recht, in der Sache gab es nach. Auf Bitten des Tradenten verkaufte es das Gut an Ulrich und dessen Sohn Burchard von Alrichesweiler. Später hat freilich Burchard das Gut dem Kloster wieder übertragen und es gegen Zins von $^1/_2$ Pfund Wachs jährlich für sich und seine ganze Nachkommenschaft zurückempfangen, so daß doch wohl schließlich der Graf das Nachsehen hatte. Immerhin zeigen die Vorgänge, daß auf geradem Wege das Kloster mit seinem Rechtsstandpunkt nicht durchzudringen vermochte. In den Schwabenspiegel (Kap. 273 und 274) haben die Vorschriften der lex Alamannorum betreffs Traditionen an Kirchen Aufnahme gefunden. Über das Konsensrecht des Grafen für Veräußerungen des Eigenguts von Gemeinfreien an Kirchen gibt der Spiegler seine Meinung nicht speziell zu erkennen.

Die bisherigen Erörterungen ergeben die fortdauernde Existenz freier Leute mit bäuerlicher Lebensweise vom Ende der Karolingerzeit bis ins 13. Jahrhundert hinab. Die Zeugnisse stützen einander. Wenn es im 13. Jahrhundert freie Bauern gab und ebenso am Ende des 11. Jahrhunderts, so können auch die aus den Urkunden des 8. und 9. Jahrhunderts auf ihre Existenz gezogenen Schlüsse nicht falsch sein. Andererseits erscheint die Annahme unzulässig, daß der Stand der freien Bauern in der Karolingerzeit zugrunde gegangen sei oder gar nicht existiert habe, und daß er später sich neu oder aufs neue bildete, etwa durch Ansiedelung auf neu gerodetem Lande. Es sind eben durch alle Jahrhunderte hindurch Leute nachweisbar, auf welche die wesentlichen Merkmale des Begriffs freier Bauer zutreffen: persönliche Freiheit, Besitz von Eigengut, das nicht grundherrlich belastet ist, selbständiger Kleinbetrieb der Landwirtschaft und schließlich in öffentlich-rechtlicher Beziehung Gerichtsstand vor dem (Land)grafen.

Für die Schweiz läßt sich bei dem Mangel an Quellen die Existenz freier Bauern nicht durch eine so ununterbrochen fortlaufende Kette von Zeugnissen nachweisen wie für angrenzende Landschaften[1]. Indessen, es ist doch allgemein anerkannt, daß bis zum 13. Jahrhundert die Zustände auf beiden Seiten von Rhein und Bodensee nicht prinzipiell verschieden waren. Gerade noch spätere Weistümer der Freibauern im Vorland der Alpen erweisen die Analogie der Verhältnisse. So findet sich die Beschränkung der Verfügungsfreiheit über das Eigentum durch das Recht der Grafschaft in einer Kyburger Öffnung von 1433[2] in sehr harter Form. Bei Verkauf von Eigengut freier Leute an Fremde fällt der dritte Teil der Kaufsumme an die Herrschaft.

Freie Bauern in weit älterer Zeit erwähnen die Acta Murensia[3], freilich nur, um zu erzählen, wie die Freien ihre Stellung einbüßten. Als Beleg für den Untergang des Standes könnte der Bericht allenfalls verwertet werden, wenn er sich auf den ganzen Aargau bezöge und nicht ausschließlich auf zwei Dörfer, Muri und Wohlen. Die Quellen kirchlicher Provenienz sprechen überhaupt nur von den freien Bauern, wenn diese durch die Tradition aufhören, solche zu bleiben. Von denen, die im alten Rechtsverhältnis fortlebten, ist in den Traditionsbüchern begreiflicherweise nicht die Rede. Zu mancherlei Bemerkungen bietet immerhin der Bericht der Acta Murensia über Muri und Wohlen Anlaß. Zunächst zeigt er, daß die für die Karolingerzeit ermittelte Grundbesitzverteilung eben noch im 10. und 11. Jahrhundert bestanden hat. Größere und kleinere freie Eigentümer saßen nebeneinander in den Dörfern, die „liberi divitesque homines“ in Muri neben den einfachen rustici, Guntram „prepotens vir“ in Wohlen. Die Bauern,

---

[1] Vergl. übrigens Baumann, Der Alpgau, seine Grafen und freien Bauern; Forsch. zur schwäb. Gesch. S. 186.

[2] Ediert von F. v. Wyss, Zeitschr. für Schweiz. Recht Bd. 19, 1876, T. 2, S. 3ff., auch von P. Schweizer, als Anhang zu „Die Freiheit der Schwyzer“, Jahrbuch für Schweiz. Gesch. Bd. 10, S. 26ff.

[3] Ediert von Kiem, Quellen zur Schweiz. Gesch. Bd. 3, T. 3, siehe S. 16f., 33ff., 61ff., 68ff.

die den Schirm des Mächtigen aufsuchten, schlossen offenbar für ihr Gut ein Prekariengeschäft der üblichen Art. Sie tradierten ihr Eigentum und empfingen es gegen Zins zu Erbe zurück. Möglich wäre, daß sie für ihre Person sich in das mundiburdium des Schutzherrn begeben haben, doch ist eine solche Annahme nicht unbedingt geboten. In Wohlen waren 1106, als die Besitzungen Guntrams an Muri übergingen, jedenfalls noch Freibauern, liberi homines, neben den censarii vorhanden; zwei von ersteren und fünf von letzteren traten später unter Hingabe ihrer Besitzungen ins Kloster ein. Am Orte Muri sind die in Zinsleute umgewandelten Eigentümer gänzlich ausgetrieben worden; statt ihrer verpflanzte der Grundherr Unfreie an den Ort. Die Freien selbst oder ihre Nachkommen sind nicht etwa unfrei geworden.

Zwischen der Flurverfassung von Muri und Wohlen muß ein tiefgreifender Unterschied bestanden haben. Das Güterverzeichnis des Klosters nennt für Muri Hufen, 16 an Zahl, als Träger der grundherrlichen Belastung, für Wohlen nicht. Ich erblicke darin eine Bestätigung meiner Auffassung vom Wesen der Hufe als fester Nutzungseinheit im Verbande der Grundherrschaft. Die freien Leute zu Wohlen haben keine Hufen besessen, und es sind auch bei ihrer Umwandlung in censarii keine solchen für sie eingerichtet worden. Nicht auf Hufen ruhte in Wohlen die grundherrliche Belastung mit geringem Zins und Fronden, sondern auf den einst tradierten Eigengütern unbestimmten Umfangs. Veräußerung von Land war den Inhabern gestattet, freilich unter Beschränkung auf die Genossenschaft der Klosterleute. Infolgedessen sind die Pertinenzen der Güter sehr bald durcheinander gekommen.

Auch die Hufen in Muri sind zerteilt worden; aber davon spricht nur eine Stelle des Urbars, die wohl als späterer Zusatz zu betrachten ist. Im 12. Jahrhundert bestand jedenfalls noch die ursprüngliche Ordnung der Villikation; sie kann damals nicht alten Datums gewesen sein. Den Grund zu ihr wird Graf Kanzelin gelegt haben, als er nach Vertreibung der Freien seine Knechte und Mägde im Dorfe ansiedelte. Die definitive Einrichtung erfolgte wohl erst später, 1082, als zugleich den Unfreien des Klosters das Hofrecht von Luzern verliehen wurde.

Die Leistungen von den Hufen entsprechen den von den mansi serviles in der Karolingerzeit entrichteten. Norm für die Fronden ist der alte Dienst der Unfreien, drei Tage in jeder Woche. Wenn der Grundsatz mehrfach durchbrochen erscheint, so beruhen die Ausnahmen auf den wirtschaftlichen Bedürfnissen des Fronhofs und bedeuten eher eine Erschwerung als eine Erleichterung für die mansionarii, so wenn sie von Johanni bis zum 1. Oktober täglich Dienst leisten sollen. Beträchtlich sind auch die Fronfuhren, z. B. nach dem Elsaß und Breisgau, um Wein zu holen. Im Vergleich zu den Fronden erscheinen die Abgaben als nicht sehr bedeutend, ein Zeichen dafür, daß die Grundherrschaft noch auf eigenen Landwirtschaftsbetrieb viel Wert legte. Für das Bestreben, das im Eigenbau bestellte Herrenland auszudehnen, spricht wohl auch der Umstand, daß Guntram in Wohlen die freien censarii zu Frondiensten genötigt hat, statt ihren Zins zu erhöhen. Dagegen verfolgte der Klostermeyer Gerung in Wohlen, der durch List und Gewalt die Freien ihres Erbes beraubte, wohl den gleichen Zweck wie früher Graf Kanzelin bei Vertreibung der freien Zinsleute aus Muri, nämlich an ihre Stelle mansionarii zu setzen, die dem Grundherrn mehr Nutzen brachten.

Daß eine Veränderung des alten Zustands, wie die in Muri und Wohlen, häufig vor sich ging, erscheint mir, wie bereits bemerkt, recht unwahrscheinlich. Es entsprach nicht dem alamannischen Volkscharakter, sich ungerechter Unterdrückung zu fügen. Die Freien von Muri haben versucht, mit gewaffneter Hand ihr Erbe wiederzugewinnen. Die Leute von Wohlen erhoben gegen Guntram Klage beim Kaiser, und den Gerung schlugen sie tot. Die freien Leute waren eben nicht von so schlaffer Gemütsart, daß sie sich leichthin ihr altes, gutes Recht rauben ließen.

Das reiche, im Züricher Urkundenbuch[1] enthaltene Material ist wohl am besten wirtschaftsgeschichtlich verwertbar, wenn es nach zwei Gesichtspunkten geordnet wird, einmal nach der Provenienz oder den Klöstern, für welche die Urkunden meist noch ausgestellt sind, und ferner nach Ortschaften, also durch Zusammenstellung der vorhandenen urkundlichen Nachrichten über einzelne Orte.

Was ersteren Gesichtspunkt betrifft, so liegen Traditionsurkunden aus dem 12. Jahrhundert für das damals gegründete Kloster St. Martin auf dem Zürichberg vor. Die Objekte werden meist als Eigengut (Allod, predium) bezeichnet, auch liberi homines finden sich unter den Tradenten. Für das 13. Jahrhundert sind die Besitzerwerbungen des Klosters Ötenbach recht interessant. Sie zeigen, daß immer noch in der unmittelbaren Umgebung von Zürich Eigengut von Bürgern und anderen nichtritterlichen Leuten

---

[1] Urkundenbuch der Stadt und Landschaft Zürich, hg. v. J. Escher und P. Schweizer, Bd. 1 ff., Zürich 1888 ff.

vorhanden war. Auf freie Bauern ist mindestens für Zollikon zu schließen (No. 1105. 1260). Beachtenswert wäre auch, daß in der Stadt selbst Eigentum der Bürger am Hausgrundstück, der area, sich findet (No. 1387. 1268/9). Der Boden von Zürich gehörte nicht ausschließlich geistlichen Stiftern.

Sehr häufig erstrecken nun freilich die Veräußerungen sich nicht auf Eigen, sondern auf Erbe, also auf Land, das nicht iure proprietario, sondern iure hereditario besessen wurde. Der Züricher Bürger H. Terrer, der sein Haus nebst Grundstück und Garten mit allem Eigentumsrecht an Kloster Ötenbach tradierte (No. 1482. 1272), gab auch Rebland am Schmelzberg, welches er vom Fraumünster als Erbe gegen 2 den. Zins jährlich inne hatte. Die freie Erbleihe muß überhaupt in der Umgegend von Zürich, wie anderwärts, weit verbreitet gewesen sein. Bisher erblickte man in ihr eine Neuerung der Stauferzeit, besonders auch Lamprecht hat sie aus dem Hofrecht abzuleiten gesucht. Dagegen ist kürzlich Rietschel aufgetreten[1]; er betrachtet die freie Erbleihe als Fortbildung der Leihe zu Prekarie, wie sie in der Karolingerzeit üblich war.

Ich kann nur dieser Ansicht mich anschließen. Die Prekarie ist keineswegs im Dunkel der Zeiten verschwunden. In den St. Galler Urkunden des 10. Jahrhunderts erschien sie noch in alter Weise, aber bereits waren Ansätze zur Um- und Fortbildung wahrnehmbar. Die eigentümliche Form der Beurkundung des Prekariengeschäfts hat später aufgehört bei dem Verfall, der im deutschen Urkundenwesen des 10. und 11. Jahrhunderts überhaupt eintrat; die Sache blieb bestehen. In den Traditionsnotizen von St. Peter (S. 153) findet sich aus dem 12. Jahrhundert die Tradition eines liber homo nebst darauf folgender Wiederverleihung zu Zins mit beschränkter Heimfallsfrist; sogar der Ausdruck beneficium ist hier angewandt.

Ebenso findet sich in den Traditionen von St. Georgen zu 1094 (No. 82) eine Wiederverleihung zu Zins auf Lebenszeit der Tradenten. Häufig sind solche precarie oblate in den späteren Zeiten allerdings nicht mehr; aber sie kamen nicht außer Gebrauch. So erhielt (Z.U.B. No. 1396. 1268) Heinrich von Zollikon sein an Kloster Ötenbach tradiertes Eigengut auf sein und seiner Gemahlin

[1] Die Entstehung der freien Erbleihe, Zeitschr. d. Savigny-Stift. f. Rechtsgesch. Bd. 22 (1901), S. 181 ff.

Lebzeiten gegen Zins von 6 den. zurück. Eine solche Tradition mit darauf folgender Prekarie hätte auch im 8. Jahrhundert erfolgt sein können, nur wäre das Rechtsgeschäft damals in anderer Form beurkundet worden. Ebenso ist in den Verleihungen zu Erbe die alte precaria data wieder zu erkennen; so No. 1258. 1264, der Propst vom Zürichberg gibt dem Züricher Bürger Berchtold von Dietlikon den Lamprechtsacker zu Dietlikon zu Erbrecht. Der Zins beträgt 1 Pfund Wachs jährlich; wird derselbe nicht binnen eines Monats nach dem Fälligkeitstermin gezahlt, so fällt der Acker ans Kloster zurück. Die Bedingungen betreffs der Leistungen des Beliehenen an den Verleiher konnten natürlich bei der freien Erbleihe sehr verschieden sein, wie ja schon bei der Prekarie; sie richten sich nach den Besonderheiten des Einzelfalls. Das Kloster auf dem Zürichberg hat Weinberge zu Teilbau ausgeliehen, No. 939. 1255 an Heinrich Horen, Rudolf Eschmann und deren Erben unter Vorbehalt des Vorkaufsrechts, falls die Beliehenen das Leihegut veräußern wollen; No. 980. 1256 an H. Bernold und seine Frau ohne solchen Vorbehalt. Andererseits wurde in einer Verleihung durch die Äbtissin des Fraumünsterstifts (No. 1622. 1276) von vornherein die Ablösung des größten Teils des Zinses gestattet. Auch städtische Objekte wurden in der gleichen Weise verliehen, so 1292[1] vom Fraumünster ein Grundstück und Haus in der Brunnengasse für 3 den. Zins.

Von einem Einfluß der Landnahme auf den Stand des Beliehenen oder seine Stellung zur öffentlichen Gewalt ist in den freien Erbleihen so wenig die Rede, wie einst in den Prekarien. Über diese Verhältnisse und die Schicksale der Fronhöfe gibt die zweite Art der Materialordnung Auskunft, die nach Ortschaften, aber freilich nur in Verbindung mit anderen Quellengattungen, den Urbarien oder Einkünfterödeln und Weistümern, die für das in Betracht gezogene Gebiet meist erst späteren Zeiten angehören. Ich komme daher zum Schluß meiner Erörterungen.

Ein konservativer Zug geht durch die agrarische Entwickelung der Schweiz, wie ähnlich Südwestdeutschlands. Es treten Veränderungen ein, Verschiebungen in der Grundbesitzverteilung und in der Form der Besitzrechte am Boden; aber langsam und allmählich vollziehen sich die Wandlungen. Eine durchgreifende Neugestaltung der grundlegenden Verhältnisse ist, soviel ich sehen

---

[1] Mitt. d. antiqu. Ges. Zürich Bd. 8, T. 2, No. 346.

kann, überhaupt nicht eingetreten. Die Grundherrschaft hat im 8. und 9. Jahrhundert und auch später sich ausgebreitet, besonders durch Anwachsen der kirchlichen Besitzungen. Daß jedoch die Grundherrschaft jemals das bäuerliche Eigen ganz aufgezehrt hat, müßte erst noch nachgewiesen werden. In der gleichen Gegend, in der zur Karolingerzeit aus den St. Galler Urkunden die freien Bauern nachweisbar sind, da finden sie sich auch ein halbes Jahrtausend später; und wo damals grundherrlicher Besitz vorhanden war, da ist er auch geblieben. So weist für das (habsburgische, später Zürcher) Amt Grüningen das Habsburger Urbar[1] noch die alten St. Galler Fronhöfe Dürnten und Mönchaltorf nach mit ihren Pertinenzen, wie sie Beata und ihr Sohn im 8. Jahrhundert geschenkt hatten[2], oder wie sie aus dieser umfassenden Tradition eingerichtet worden sind; ebenso erwähnt das Habsburger Urbar in der gleichen Gegend die freien Leute und ihre Güter, die der Herrschaft nur das Vogtrecht schuldeten. Es haben also keineswegs alle freien Bauern ihr Eigen zugunsten von St. Gallen in Erbe verwandelt, obgleich gerade aus der Umgegend von Grüningen recht viele Traditionen vorliegen. Das auf dem Eigengut der Freien lastende Vogtrecht ist im gleichen Betrage, den das Habsburger Urbar verlangt, länger als ein halbes Jahrtausend entrichtet und erst im 19. Jahrhundert abgelöst worden[3].

Bäuerliches Eigen hat ununterbrochen fortbestanden, seit einwandernde Alamannen am Bodensee und im Hügelland der Nordostschweiz ihren Sitz aufschlugen. Es ist nicht lastenfrei geblieben. Zehnten und ewige Gülten, Steuern und Hypothekenzinsen hatte der Boden im Laufe der Zeiten zu tragen, aber das sind nicht Lasten grundherrlichen Ursprungs. Die (kirchlichen) Urbare führen immer nur die belasteten Landgüter auf, nicht die lastenfreien; auch scheiden sie häufig nicht hinreichend die Rechtsgründe, auf denen die Lasten beruhten. Speziell die Scheidung zwischen censarii und mansionarii erscheint später verwischt, weil schließlich Zinsgüter wie Hufen zu Erbrecht besessen wurden und die leibherrlichen Rechte über die unfreien Hufner von den grundherrlichen sich trennten. Die wesentlichsten Veränderungen sind in

[1] Ediert von Maag, Quellen zur Schweiz. Geschichte Bd. 14, siehe S. 266 ff.

[2] Wartmann, St. Galler Urk.-B. No 7, 741; 10, 744; 11, 12, 745.

[3] Vergl. P. Schweizer, Geschichte der habsburgischen Vogtsteuern; Jahrb. f. Schweiz. Gesch. Bd. 8, S. 135 ff.

den öffentlich-rechtlichen Verhältnissen vor sich gegangen. Staats-, Territorial- und Lokalverfassung sind weit weniger stabil geblieben als das Fundament der landwirtschaftlichen Zustände. Die Entstehung der Vogtei, die Ausbildung der Landgemeinden, die Versuche zur Herstellung von fürstlichen Territorien, die Entwickelung der eidgenössischen Bünde und die Erwerbung von Landgebiet durch die Städte, all das hat sich vollzogen, während der Landmann Furchen zog und der Hirt das Vieh auf die Almen trieb, wie vor alters.

V

Zur Gütergeschichte des Fraumünsterstifts Zürich.[1]

Die Urkunde, Züricher Urkundenbuch No. 188, von 924[2], lautet im Regest: Herzog Burkard I. von Alamannien bestimmt die Einkünfte vom Hof Zürich, von Maur, Rümlang, Wipkingen und Boswil zum Unterhalt der Klosterfrauen in Zürich, mit Bewilligung König Heinrichs I. F. v. Wyß, in der Geschichte der Entstehung und Verfassung der Stadt Zürich[3], betrachtet die Urkunde als Bestätigung des Klosterguts und der Immunität, ohne weitere Erörterungen daran zu knüpfen; auch G. v. Wyß, in der Geschichte der Abtei Zürich[4], sagt nur, daß der Herzog dem Kloster seine bisherigen Einkünfte wieder zuwies. Indessen, wie schon die Fassung des Regests zeigt, handelt es sich eigentlich noch um etwas anderes, nämlich um eine Scheidung innerhalb des Klostervermögens. Ein Teil, die aufgeführten Besitzungen, wird den Nonnen zugewiesen, damit sie den Ertrag für ihren Lebensunterhalt verwenden; das übrige bleibt für andere Zwecke bestimmt. Ich muß diese Auffassung begründen und erläutern.

In der volltönenden Arenga läßt der Schreiber den Herzog sagen: Kund sei allem Volke. Von dem Tage an, als der allmächtige Gott seine Gnade uns erzeigte und dieses ganze Land und alle unsere Feinde in unsere Gewalt gab, wünschten wir, soviel wir vermochten, den Kirchen des Herrn und ihren Dienern zuzuteilen ihre Berechtigung und sie zu hüten vor Beunruhigung[5]. Der Alamannenherzog Burkard war ein unwiderstehlicher Kriegs-

---

[1] Veröffentlicht im Anzeiger für Schweiz. Gesch. 1902, No. 1, S. 13 ff.

[2] Bd. I, S. 79 f.

[3] In Abhandlungen zur Gesch. des schweiz. öffentlichen Rechts. Zürich 1892, S. 364.

[4] Mitteil. der antiquar. Gesellschaft Zürich Bd. 8, T. 1, S. 30.

[5] Der Schreiber der Urkunde hat hier Reimprosa angewandt. Dem Schluß des einen Satzteils „rectitudinem“ entspricht der des folgenden „inquietudinem“.

mann nach der Ausdrucksweise einer sächsischen Quelle[1]. Er hat im Jahre 919 bei Winterthur König Rudolf II. von Burgund geschlagen[2]. Jedenfalls infolge dieses Sieges ist Zürich in seine Gewalt gefallen. Vorher stand es höchstwahrscheinlich einige Zeit unter burgundischer Herrschaft[3]. Indessen ein Freund der Kirche war Herzog Burkard nicht. Als er einst nach St. Gallen kam, machte sich der Abt davon, natürlich aus Furcht vor dem Tyrannen, dem Räuber und Zerstörer des Landes, der die Güter der Kirche seinen Spießgesellen zu Lehen gab. So etwa drückt sich die Vita der h. Wiborada von St. Gallen aus[4], und die miracula der h. Verena von Zurzach bestätigen es. Der gestrenge Herzog hat das Stift Zurzach einem seiner Vasallen, Thietpold, geschenkt[5]. Sollte Burkard mit dem Fraumünsterstift glimpflicher verfahren sein?

In der Urkunde fährt der Herzog fort: Wir fragten also unsere Getreuen, wie vor alters die Nonnen lebten, die hier dem Herrn dienen, und welcher Gestalt sie ihren Unterhalt fänden. Das klingt sehr gnädig. Man sollte aber meinen, die Nonnen könnten nicht in finanzielle Bedrängnis geraten sein, hat doch König Ludwig der Deutsche dem Kloster folgende außerordentlich reiche Schenkungen gemacht: 1. In Urkunde von 853[6] den Hof Zürich mit allem Zubehör, speziell dem Land Uri und Forst Albis; 2. in Urkunde von 858[7] den Hof Cham mit allem Zubehör.

Die Pertinenzen der Höfe erstreckten sich sehr weit. Es werden im ältesten Zehntverzeichnis des Großmünsterstifts[8] neun (Königs)höfe genannt: Stadelhofen, Wipkingen, Äugst, Illingen, Fällanden, Maur, Hofstetten, Meilen und Boswil, die den Zehnten an das Großmünster entrichteten und als Pertinenzen des Haupthofs Zürich zu betrachten sind[9]. Zugleich mit demselben gingen sie an das Fraumünster über[10]. Zum Fiskus Zürich hat früher auch einmal ein Hof in Uznach gehört, der ist aber von Ludwig

---

[1] Widukind, l. 1, c. 27.

[2] Vergl. Waitz, Jahrb. Heinrichs I.[3], S. 42f.

[3] S. Z. U.-B. No. 185.

[4] Kap. 25f.; Mon. Germ. SS. 4, 453.

[5] Mirac. S. Verene c. 1; ibid. 457.

[6] Z. U.-B. No. 68.

[7] Ibid. No. 85.

[8] Ibid. No. 37, c. 820.

[9] Vergl. F. v. Wyß, l. c. S. 351, 354f.

[10] Sonst könnten nicht 924 Maur, Wipkingen und Boswil im Besitz des Fraumünsters sich befinden.

dem Frommen an St. Gallen zurückgegeben worden[1]. Nachweisbar als Pertinenz des Haupthofs Zürich sind noch Abgaben von königszinsigen Freien im Aargau, die 893 nach vorübergehender Entfremdung wieder beigebracht wurden[2]. Was sonst noch dazu gehörte, läßt sich nicht mehr genau feststellen[3]. Jedenfalls war es ein sehr bedeutender Besitzkomplex, der aller Wahrscheinlichkeit nach entsprechend den für die Verwaltung der königlichen Fisci maßgebenden Grundsätzen[4] organisiert war. Auch der Hof Cham beschränkte sich gewiß nicht auf das Königsgut am Orte Cham selbst. Das zeigt wohl schon die Erwähnung von zugehörigen Kirchen in der Mehrzahl[5]. Also das Fraumünsterstift ist von Ludwig dem Deutschen sehr reich beschenkt worden. Andere Vergabungen sind hinzugekommen[6]. Die Zahl der Nonnen war sicher gering[7]. Es bleibt unbegreiflich, daß sie Hunger litten.

Gleichwohl heißt es in der Urkunde Herzog Burkards: Die ganze Kongregation der Nonnen erschien vor uns und beklagte sich, daß ihnen nicht der Unterhalt zuteil würde, den die Regel vorschreibe und den Kaiser Ludwig und seine Söhne ihnen zugestanden und festgesetzt hätten. Die Urkunde der Könige wurde verlesen. Als der Herzog erfahren hatte, was zur Präbende der Nonnen gehöre, meinte er, das hätte ihnen zuteil werden müssen, und er verordnete mit Rat seiner Getreuen (der anwesenden Bischöfe, Grafen und anderen Vasallen), daß zu ihrer Annona alle Besitzungen verwandt werden sollten, die zur Zeit in ihrer Gewalt wären, nämlich ein Hof in Zürich, aller Besitz des Klosters zu Maur, Rümlang, Wipkingen und Boswil und 12 Zinse vom Zürichberg. Das ist nun ganz augenscheinlich bei weitem nicht alles dem Fraumünsterstift gehörige Besitztum. Es fehlen das Land Uri, der Hof Cham, ferner Besitzungen im Elsaß, welche die Äbtissin Bertha geschenkt hatte; dann vor allem fünf von den neun Unterhöfen des Haupthofs Zürich, nämlich Äugst, Illingen, Fällanden, Hofstetten, Meilen, und wer weiß, was noch sonst. Ich bemerke

[1] S. Wartmann, U.-B. der Abtei St. Gallen No. 263, 821 und Anh. No. 19 (Bd. 2, S. 396).

[2] Z. U.-B. No. 160, vergl. F. v. Wyß, l. c. S. 355, und meine Studien zu den älteren St. Galler Urkunden; Jahrb. für Schweiz. Geschichte 26, 269 ff.

[3] Vergl. F. v. Wyß, l. c. S. 354 f.

[4] Vergl. das Capitulare de villis; Mon. Germ. Capitularia 1, 82 ff.

[5] Z. U.-B. No. 85, curtem indominicatam cum ecclesiis.

[6] So Besitzungen im Elsaß durch die Äbtissin Bertha; ibid. No. 131, 877.

[7] S. das Verzeichnis im Reichenauer Verbrüderungsbuch; Mon. Germ. Confratern. S. 164 und auch Z. U.-B. No. 199.

gleich, daß in dem Hof Zürich der Urkunde von 924 nicht der Haupthof Zürich zu erblicken ist, sondern Stadelhofen, wie die Besitzbestätigung von 952 zeigen wird.

König Heinrich hat seine Einwilligung zu einer so unvollständigen Besitzbestätigung gegeben. Die Worte der Urkunde sind: „Nos (sc. Burchardus dux) hanc epistolam predictorum bonorum firmationis cum licencia Heinrichi regis scribere iussimus." Man könnte hier an eine generelle Erlaubnis des Königs für den Herzog zur Verfügung über Reichsklöster und deren Güter denken, oder aber der Herzog hat spezielle Erlaubnis des Königs eingeholt. In letzterem Falle würde nachträgliche Beurkundung anzunehmen sein. Die Handlung, von der die Urkunde berichtet, ging auf einem alamannischen Landtage zu Zürich vor sich. Dort war der König nicht zugegen. Eine geordnete Kanzlei besaß Herzog Burkard wohl überhaupt nicht; der Schreiber der Urkunde ist ein Züricher Geistlicher, Liutingus[1]. Wie dem auch sein möge, in irgend einer Form muß das Fehlende der Nutzung der Nonnen entzogen gewesen sein.

Das wird verständlich, wenn man sich eben streng an den Wortlaut der Urkunde hält. Was Herzog Burkard bestätigte, diente nur zum Unterhalt der Nonnen. Das übrige Klostergut wurde für andere Zwecke verwendet.

Daß die Aussonderung des Konventsguts neu sei, sagt Herzog Burkard nicht ausdrücklich. Ich glaube aber, man muß die vielleicht nicht ohne Absicht undeutlichen Worte scharf interpretieren. Die Nonnen klagen, sie hätten nicht die Ordnung der Annona, welche die Klosterregel vorschreibe und die Kaiser Ludwig und seine Söhne zugestanden und festgesetzt hätten. Ein Kaiser Ludwig, der Fromme, hat dem Fraumünsterstift Privilegien nicht verleihen können. Es bestand zu seiner Zeit noch gar nicht, wenigstens nicht in der spätern Gestalt[2]. Die Nonnen legten auch dem Herzog keine Urkunde Kaiser Ludwigs vor. Die „(epistola) quam prefati reges illis scribere procuraverunt" müßte von seinen Söhnen ausgestellt sein. Bei der Anordnung Kaiser Ludwigs wäre also wohl an dessen allgemeine Verfügungen über Herstellung der Klosterzucht zu denken, die 817 auf einem Reichstag zu Aachen

---

[1] Liutingus presbyter schrieb auch Z. U.-B. No. 191, 925 für das Großmünster; No. 194, 931 für das Fraumünster ist von Wicharius diaconus in vice Liutingi geschrieben.

[2] Vergl. F. v. Wyß, l. c. S. 354.

erlassen wurden[1]. Herzog Burkard sagt nun keinesfalls, daß in der epistola Güter genannt waren, die zum Unterhalt der Nonnen dienen sollten. Zwar lassen die Worte „hanc (sc. epistolam) audientes legere omniaque intelligentes, quae ad illorum pertinebant provendam" verschiedene Deutung zu. Entweder die epistola enthielt Bestimmungen über die provenda der Nonnen, oder die epistola enthielt nicht derartige Bestimmungen, und die Nonnen trugen nur mündlich vor, welche Bezüge ihnen zukämen[2]; aber es stand weder in der Urkunde, noch behaupteten die Nonnen, daß ihnen bestimmte, vom übrigen Klostergut ausgesonderte Ländereien zugewiesen seien, aus deren Ertrag ihre Annona bestritten werden sollte. Die Fundierung der Einkünfte des Konvents auf den Ertrag gewisser Güter mag ganz von selbst entstanden sein. Die Nonnen behalten, was sie in Besitz haben. Der Ertrag dieser Güter wurde schon vorher größtenteils oder ganz für ihre Annona verwandt. Die Neuerung Herzog Burkards besteht darin, daß das Provisorium zum Definitivum erhoben wird. Das Klostergut wird real geteilt. Ein Teil darf fortan zu nichts anderem verwandt werden als zum Unterhalt der Nonnen. Was ist aus dem übrigen geworden?

Das Fraumünsterstift war nicht eigentlich eine Gründung rein geistlichen Charakters. Es bildete die Ausstattung für die unvermählten Töchter König Ludwigs des Deutschen, gleichsam ihre standesgemäße Abfindung, da sie doch nicht wie die Söhne ganze Reiche erben konnten. Nur aus diesem Gesichtspunkt ist es verständlich, daß der König gegenüber dem Kloster sich so außerordentlich freigebig zeigte. Er schenkte den Fiskus Zürich an das Fraumünsterstift und in derselben Urkunde[3] das Fraumünsterstift seiner Tochter Hildegard. Hildegard war also Eigentümerin des Klosters und des Klosterguts, zugleich auch geistliche Vorsteherin des Klosters. Die Nonnen sind gleichsam ihre Hofdamen. Sie sorgt für deren Unterhalt durch Überweisungen aus den Einkünften des Klosterguts. Auf Hildegard folgte ihre Schwester Bertha in der gleichen Stellung[4]. Als sie starb, fiel das Kloster, schon nach Erbrecht[5], an ihren Bruder, den König, später Kaiser

[1] Vergl. Simson, Jahrb. Ludwig des Frommen 1, 82 ff.

[2] In ersterem Falle wäre die epistola verloren, in letzterem ließe sich denken, daß dem Herzog die Urkunde Z. U.-B. No. 68 vorgelegt wurde.

[3] Z. U.-B. No. 68.

[4] S. ibid. No. 96, 863.

[5] Die Verleihung an Hildegard erfolgte zu Eigentum ohne Beschränkung. Bertha hat der König nach No. 96 erst zur Äbtissin auf Lebenszeit eingesetzt und ihr dann das Kloster zu Eigentum verliehen.

Karl III., der es seiner Gemahlin Richgarda verlieh[1]. Die Kaiserin kann nicht eigentlich Äbtissin gewesen sein, wie ihre beiden Vorgängerinnen; sie war wohl auch nur selten in Zürich anwesend. Eine in ihre Zeit gesetzte Tradition[2] nennt ihren Namen nicht; ebenso geschieht ein Tausch[3] nur von seiten des Vogts und der Nonnen.

Als der Gemahl der Richgarda abgesetzt wurde, scheint sie den Besitz des Klosters verloren zu haben. Ihr Nachfolger war ein Graf Eberhard, der in Urkunde von 889, 27. Juni, als Vorsteher des Fraumünsterstifts erscheint[4]. Graf Eberhard ist als Laienäbtissin des Fraumünsterstifts zu betrachten, wie gleichzeitig ein Graf Gozpert Laienabt in Rheinau war[5]. König Arnulf hat die Gunst der alamannischen Großen durch tiefe Eingriffe ins Reichs- und Kirchengut erkauft. Eberhard behielt freilich seine eigentümliche Würde nicht lange. Schon 893 findet sich wieder eine wirkliche Äbtissin, Kunigunde[6]; die nächsten Jahrzehnte sind dunkel.

Als Herzog Burkard das Land den Burgundern entriß, hat er jedenfalls den mit dem Kloster verbundenen Komplex von Reichsgut an sich gezogen. Ob er denselben für sich behielt oder bald seiner Gemahlin Reginlinde verlieh, ist wohl nicht zu entscheiden. Ganz besonders in ersterem Falle war eine Sicherstellung der Nonnen, wie sie eben 924 vorgenommen wurde, dringend geboten. Beim Fehlen einer wirklichen Äbtissin mochte für Verabreichung der Annona an die Nonnen nicht genügend Sorge getragen werden. Reginlinde erscheint erst 929, nach dem Tode Burkards, in Beziehung zum Fraumünsterstift[7]. Ihre Stellung ist derjenigen der Richgarda analog. Als eigentliche Vorsteherin des Klosters findet sich 929 und 946 eine preposita Cotisthiu[8].

---

[1] Z. U.-B. No. 134, 878. Die Überlieferungsform der nur in einem Drucke Grandidiers vorliegenden Urkunde ist verdächtig, vergl. Mitt. der antiquar. Gesellschaft Zürich Bd. 25, H. 1, S. 6. Die Tatsache steht fest aus dem älteren Bruschius, Monasteriorum Germaniæ præcipuorum . . . centuria prima (Ingolstadt 1551) f. 7r. Wenn in No. 134 gesagt ist, daß Bertha das Kloster „per precariam“ besessen hatte, so steht das in Widerspruch zu No. 96, wo gesagt ist, das sie es „in proprium“ besitzt. Wegen des Unterschieds beider Rechtsformen vergl. Z. U.-B. No. 76 mit No. 68.

[2] Z. U.-B. No. 141, c. 880.

[3] Ibid. No. 145, 883.

[4] Ibid. No. 153, 889.

[5] Vergl. Anz. für Schweiz. Gesch. 1901, No. 1, S. 398ff.

[6] Z. U.-B. No. 159.

[7] Ibid. No. 192.

[8] Ibid. und No. 197.

Aus dieser Betrachtung ergibt sich folgendes. Der Ertrag des Klosterguts diente allerdings zum Unterhalt der Nonnen, war aber hauptsächlich für die Dame fürstlichen Geschlechts bestimmt, die als Äbtissin dem Kloster vorstand oder unter anderer Form es besaß. Die Idealteilung des Ertrages mußte zur Benachteiligung der Nonnen führen, sobald ein weltlicher Herr seine Hand auf das Kloster und das Klostergut legte. Darum trat an Stelle der idealen Teilung des Ertrages eine Realteilung der Güter. Herzog Burkard überließ den Nonnen einige der Klosterhöfe und behielt stillschweigend sich selbst den Rest vor. Seine Gemahlin Reginlinde, in zweiter Ehe vermählt mit Burkards Nachfolger Hermann[1], empfing vermutlich den Genuß all der Klostergüter, die nicht dem Konvent vorbehalten waren. Eventuell können auch weitere Vergabungen zu Lehen stattgefunden haben.

Im Jahre 952 erfolgte eine zweite Besitzbestätigung für das Fraumünsterstift durch den König Otto I. selbst, auf Fürbitte seiner Gemahlin Adelheid[2], der Enkelin der Reginlinde[3]. Als zugehörig zum Fraumünsterstift sind hier genannt: Die Kirche St. Peter (in Zürich) nebst dem zubehörenden Hofe, die Höfe Stadelhofen und Boswil, die Villa Wipkingen, die Hälfte der Kirche zu Rümlang[4] nebst 8 Hufen dortselbst, dazu aller frühere Besitz in Fällanden, Maur, Dickenau (bei Forch), in Bürglen und Silenen (Kt. Uri), welche beiden Orte in Gegenwart des Königs erworben wurden, ebenso im Elsaß Schlettstadt, die beiden Kiensheim und Altheim, dann wieder am Zürichsee Ludretikon, Horgen und der schuldige Zins zu Uster. Identifiziert man, wie schon bemerkt, den Hof in Zürich von 924 mit Stadelhofen von 952, so finden sich alle 924 genannten Besitzungen im Jahre 952 wieder; aber auch für das sehr erhebliche Plus finden sich Erklärungen. Die Kapelle St. Peter in Zürich, sowie die Kapellen Bürglen und Silenen im Tal Uri nebst Zubehör an Landbesitz, Zehnten und Unfreien sind schon 857 einmal dem Kloster entfremdet worden. Ludwig der Deutsche hat sie dem Presbyter Berold wegen seiner Dienste bei der Äbtissin Hildegard zu beneficium auf Lebenszeit verliehen[5]. Diese Ent-

---

[1] Vergl. Waitz, Jahrb. Heinrichs I. S. 91.

[2] Z. U.-B. No. 201.

[3] Vergl. Dümmler, Jahrb. Otto I. S. 202 f.

[4] Da somit zu Rümlang eine eigene Kirche bestand, ist es begreiflich, daß der Zehnt nicht an das Großmünster Zürich entrichtet wurde. Eine Pertinenz des Haupthofs Zürich kann Rümlang gleichwohl gebildet haben.

[5] Z. U.-B. No 77.

fremdung macht es begreiflich, daß später Bürglen und Silenen neu erworben werden mußten, wie ja in der Urkunde von 952 ausdrücklich gesagt ist. Auch bei der inzwischen zur Pfarrkirche erhobenen Kapelle St. Peter ist eine solche Neuerwerbung wahrscheinlich. Der Weiler Wipkingen war ebenfalls einmal dem Kloster entfremdet gewesen[1], jedoch schon vor 924 zurückgefallen. Es läßt sich annehmen, daß die sonst noch zwischen 924 und 952 erkennbaren Verbesserungen auf die Freigebigkeit der Herzogin Reginlinde zurückgehen; es waren wohl meist Rekuperationen aus dem Klostergut zugunsten der Nonnen[2]. Im Besitz des übrigen blieb jedenfalls die Herzogin-Äbtissin[3]. Nur ihr Name und der ihres Vogts zu Zürich wird in der Urkunde über den Urner Zehntstreit von 955 genannt[4].

Nach dem Tode Reginlindes muß ihr Besitzrecht am Fraumünsterstift auf den Herzog Burkard II., der wohl auch ihr Allodialerbe war[5], übergegangen sein, und vom Herzog ist später offenbar der nicht für die Nonnen vorbehaltene Teil der Schenkungen Ludwigs des Deutschen ans Reich zurückgefallen, wodurch er dem Kloster ganz entfremdet wurde. Als etwelche Entschädigung für die erlittenen Einbußen darf man vielleicht die Verleihung von Markt, Zoll und Münze ans Fraumünsterstift betrachten, die nach der gangbaren Annahne durch Kaiser Heinrich III. geschah[6]. Für den späteren Güterbestand des Fraumünsterstifts waren jedenfalls nicht die umfassenden Schenkungen Ludwigs des Deutschen maßgebend, sondern die erheblich eingeschränkten Bestätigungen von 924 und 952. Das zeigt die Aufzählung der Besitztümer im Privileg Innocenz IV. von 1247[7] und in dem Einkünfteverzeichnis von 1328[8]. Wohl ist hier noch manches zu dem Bestande von

---

[1] S. Z. U.-B. No. 142, 881.

[2] Die Schenkung elsässischer Besitzungen durch Bertha war erfolgt, No. 131, 877, „ad peculiare ancillis dei utenda“, vergl. auch No. 135, 878. Ein spezieller Rechtsgrund zur Rekuperation war also vorhanden.

[3] In dem „curtis senioratus“, No. 197, 946, ist wohl der alte Haupthof Zürich zu erblicken. Die Notwendigkeit, einen besonderen Herzogshof von demselben zu unterscheiden, scheint sich aus No. 192, 929 nicht zu ergeben.

[4] Z. U.-B. No. 203.

[5] Als ihr und Burkards I. Sohn oder naher Verwandter des letzteren, vergl. Dümmler, Jahrb. Otto I., S. 242; Giesebrecht, Geschichte der deutschen Kaiserzeit 1^4, 412.

[6] F. v. Wyß, l. c. S. 385ff.

[7] Z. U.-B. No. 658 (Bd. 2, S. 164).

[8] Mitteil. der antiquar. Gesellschaft Zürich Bd. 8, T. 2, S. 376.

952 hinzugekommen, aber es fehlen eben der Haupthof Zürich und Nebenhöfe wie Meilen, Äugst; ferner ist nicht ganz Uri genannt, sondern nur einiger Besitz dortselbst. Wenn der Grundstock des Klosterguts mit unverwüstlicher Zähigkeit durch viele Jahrhunderte hindurch sich erhielt, so beweist das um so sicherer, daß das übrige abhanden gekommen war, und zwar in den Stürmen am Ausgang der Karolingerzeit, infolge der allgemeinen Säkularisation von Kirchengut[1], welche die Entstehung des Herzogtums begleitete.

---

[1] Wegen der Säkularisationen, die Herzog Arnulf von Bayern vornahm, vergl. Waitz, Jahrb. Heinrichs I. S. 56.

VI

Zur Geschichte der Grundherrschaft in der Nordostschweiz.

Über Organisation und Verwaltung des Großmünsterstifts Zürich im 14. Jahrhundert geben die bisher noch erst zum kleinsten Teil edierten Statuten des Stifts vom Jahre 1346 vorzügliche Auskunft[1], und es lassen sich aus ihnen unter Heranziehung anderer Quellen mancherlei Einblicke in Wesen und Entwickelung der Hofverfassung in der Nordostschweiz und andere damit zusammenhängende Verhältnisse, wie die Stellung der Ministerialen, gewinnen. Dieser Gedankengang liegt den nachfolgenden Ausführungen zugrunde.

I.

Das Großmünsterstift Zürich, ein Kollegiatstift von Weltgeistlichen, zählte im 14. Jahrhundert, wie schon früher, 24 Kanoniker und dazu den Propst als 25ten. Der Propst als Vorsteher vertrat das Stift nach außen hin. Er hatte dessen Besitzungen und Rechte gegen Anfechtungen zu verteidigen und diesbezügliche Prozesse vor geistlichem oder weltlichem Gericht auf seine Kosten zu führen. In schwierigen Fällen holte er den Beirat des Kapitels ein und erhielt von diesem und den Untertanen des Stifts Beisteuern. Die 6 Höfe, in denen dem Stift Jurisdiktion zustand, Höngg, Albisrieden, Fluntern, Schwamendingen, Rüschlikon und Rüfers, besuchte der Propst zweimal jährlich, im Mai und Herbst, um die Gerichtstage abzuhalten. Außer dem Propst nennen die Statuten noch 5 Würdenträger des Stifts, den plebanus, thesau-

[1] Kodex der Stadtbibliothek Zürich Sign. C. 10 a, perg. fol., 336 Blätter, geschrieben von Johannes, Präbendar des Marienaltars im Chor der Kirche, im Auftrage des Propstes Rudolf von Wartensee und des Kapitels (1346, 27. März) anläßlich der Erneuerung der durch Brand zugrunde gegangenen Statuten. Der Kodex C. 10 b enthält ein zweites, wohl gleichzeitiges Exemplar der Statuten, dem spätere Zusätze beigefügt sind, aber ein Teil der Einkünfteverzeichnisse fehlt.

rarius, scolaster, cantor und librarius. Der Pleban oder Leutpriester, 1187 eingesetzt, nahm mit drei Gehilfen die seelsorgerischen Funktionen für die Parochie des Großmünsters wahr. Der thesaurarius oder custos bewahrte den Kirchenschatz und die zum Gottesdienst bestimmten Geräte. Der scolaster oder scolasticus übte die Aufsicht über die Schule. Der cantor, 1259 eingesetzt, hatte besondere Funktionen beim Gottesdienst. Der librarius endlich oder Bibliothekar hütete die Bücher. Inhaber dieser Würden waren jeweils Mitglieder des Kapitels (Kanoniker).

Die zur Stiftsverwaltung gehörigen Ämter werden von den Statuten in folgender Reihenfolge aufgezählt: Sacrista, camerarius, cellerarius, carpentarius, cocus, doctor puerorum, scriniarius, notarius, pistor, mollitor, lictor in Fluntern. Von diesen Ämtern stand mit geistlichen Verrichtungen in nächstem Zusammenhang das des sacrista, der für Ordnung in der Kirche sorgte, die Glocken läutete, etc.; sein Vorgesetzter war der custos oder thesaurarius. Der doctor puerorum hielt unter Aufsicht des scolasticus Schule. Scriniarius konnte ein Kanoniker oder ein anderer zur Kirche gehöriger Kleriker werden, während der sacrista und der doctor puerorum offenbar dem Kapitel nicht angehörten. Dem scriniarius lag es ob, die Spenden (oblationes) im Schrein aufzubewahren und unter die anteilberechtigten Geistlichen zu verteilen. Der notarius hatte wohl auch Urkunden und Briefe zu schreiben und Rechnungsbücher zu führen; seine wichtigste Aufgabe war jedoch die Verteilung des Brotes, worauf ich gleich zurückkomme. Vom carpentarius und cocus sagen die Statuten sehr wenig. Zum Amt des Zimmermanns gehörte es, die Dächer der Kirche und anderen Stiftsgebäude instand zu halten. Der Koch hatte einst beim Schweineschlachten Pfeffer und Eier zu liefern und „tat anderes, wozu er von seines Amtes wegen verpflichtet war“. Offenbar hatte der Koch schließlich nichts rechtes zu tun, da die Kanoniker nicht mehr gemeinsam Küche führten, aber das Amt mit seinen Einkünften ist geblieben. Der lictor in Fluntern war der Scharfrichter und vollzog die Urteile des dem Propst zuständigen Blutgerichts in Fluntern.

Für die eigentliche Ökonomie des Stifts haben größte Bedeutung die vier noch übrigen Ämter: Kämmerer, Kellermeister, Bäcker und auch Müller. Der Kämmerer empfing die seinem Amt zugewiesenen Einkünfte von den Besitzungen des Stifts in natura und gab davon das zum Präbendalbrot erforderliche Korn auf 32 Wochen im Jahr, vom 1. Januar bis Mitte August. Für den Rest des Jahres lieferte der cellerarius das Getreide zum Brot aus den seinem Amt zugewiesenen Einkünften; auch hatte er die Aufsicht über den Weinkeller. Dem Propst verpflichtete sich der cellerarius eidlich als „specialis famulus“ zu Gehorsam, begleitete ihn zu Pferde auf den Fahrten zu den Gerichtstagen und leitete die Exekution gegen Zinsleute, die ihren Zins nicht entrichteten. Der Müller hatte das von Kammer und Keller gelieferte Getreide zu mahlen und der Bäcker aus dem Mehl das Brot zu backen, das nach den Anordnungen des Notars verteilt wurde. Der Bäcker war jedenfalls ein gelernter Handwerker, der vom Kapitel angestellt wurde und sein Amt unterstützt von Gehilfen verrichtete. Mit der städtischen Bäckerzunft hatte er nichts zu tun. Von städtischen Steuern sollte er wie die anderen Laienbeamten des Stifts befreit sein. Kellerer und Kämmerer sind jedenfalls auch Laien gewesen.

Die Verwaltungsorganisation des Stifts war nun, wie bereits die Verrichtungen der Beamten zeigen, eine recht komplizierte. Sie beruhte wesentlich auf Naturalwirtschaft. Weder Kanoniker noch Beamte bezogen ein festes Gehalt aus der (gar nicht vorhandenen) Kasse des Stifts; vielmehr wurden die in bar oder Naturalien eingehenden Einkünfte unter sie verteilt, teils unmittelbar, teils so, daß ein für allemal bestimmte Gefälle den einzelnen Ämtern zustanden.

Die Einkünfte stammten aus Grundbesitz, Zehnten oder nutzbaren Hoheitsrechten. Letztere kamen dem Betrage nach wenig in Betracht. Um so wichtiger waren die Zehnten, die mindestens seit dem 9. Jahrhundert dem Stift gehörten, erheblichen Entfremdungen nicht unterlegen zu haben scheinen, wohl aber im Laufe der Zeit immer wertvoller geworden sind. In den Statuten werden als pflichtig zum größeren oder Getreidezehnten genannt: Stadelhofen, Albisrieden, Unterstraß, Wipkingen, Schwamendingen, Örlikon, Zürichberg, Fluntern, Fällanden, Maur, Obermeilen und andere Orte der näheren Umgebung von Zürich. Weinzehnten entrichteten Wipkingen, Fluntern, Riesbach, Zollikon, Albisrieden etc.

Der Getreidezehnt wurde jährlich nach vorheriger Abschätzung des ungefähren Ertrages in 6 Teile geteilt; auf jeden Teil kam ein besonders ertragreicher Zehnt, dem kleinere Zehnten zum Ausgleich beigegeben wurden. Von den 6 Teilen fielen 5 an je 4 Kanoniker, der 6. an 5; mit der Auswahl unter den Teilen hatten die 4 ältesten Kanoniker zu beginnen. Realteilung fand ferner beim Zehntwein statt, der an den Stiftskeller eingeliefert und von dort den einzelnen Kanonikern abgegeben wurde. Anteil erhielten auch der Kellerer selbst und ein Kapellan, bestimmte Maße das Hospital, die Lazariter von Gfenn und andere. Wie die Zehnten, so wurden auch einige der Einkünfte vom Grundbesitz real geteilt, so das Fleisch von den als Abgabe entrichteten Schweinen. Statt dieser Naturalgebühr wurde jedoch nach den Statuten Geld gegeben, und zwar erhielten die 16 ältesten Kanoniker als „Schweinegeld" je 11 sol., der 17.—20. je 10 sol., der 21.—24. je 9 sol., der Kelner in Schwamendingen, der in Fluntern und die Forsthüter an beiden Orten je 20 den. etc. Die Weinberge des Stifts, in Unterstraß, Hottingen, Fluntern, Küßnach, hat einst das Kapitel gemeinsam verwaltet und offenbar den Ertrag unter seine Mitglieder verteilt; aber schon im 13. Jahrhundert sind die Weinberge selbst unter die Kanoniker verteilt worden, so daß jeder zur Präbende einen Weinberg von 2 Joch erhielt, dessen Bebauer (colonus, vinitor) ihm die Hälfte des Ertrages abzugeben hatte. Bei einigen Weinbergen fiel auch der Zehnte an den Kanoniker, zu dessen Präbende er gehörte.

Die übrigen Einkünfte des Stifts vom Grundbesitz schieden sich in zwei große Gruppen: diejenigen, die an die Kammer und die an den Keller fielen. Aus diesen Einkünften bestritten Keller und Kammer die ihnen zugewiesenen Ausgaben. Außerdem waren Einkünfte von Grundbesitz direkt den Würden und Ämtern überwiesen, zu deren Besoldung sie dienen sollten, also dem Propst, Pleban, Scholastikus, und ebenso dem Kellerer, Kämmerer, Zimmermann etc. Entsprechend der Verteilung der Einkünfte sind die den Statuten beigefügten Einkünfteverzeichnisse angelegt. Bei jedem Amt ist aufgezählt, was ihm zukommt. Detailliert, wie die Verzeichnisse sind, vermögen sie doch nicht ein eigentliches Urbar zu ersetzen, weil sie nicht für jeden Ort die Größe des abgabepflichtigen Bodens und die Gesamtheit der dem Stift zuständigen Leistungen aufführen. Genannt sind vielmehr in der Regel nur die Personen, welche die Zinse aufzubringen haben, und die Höhe der Beträge. Da nicht selten die Einkünfte aus einem Ort verschiedenen Ämtern zugeteilt waren, muß ihr Gesamtbetrag aus verschiedenen Stellen der Verzeichnisse zusammengesucht werden. Ehe ich jedoch auf den Grundbesitz des Stifts eingehe, muß ich noch einen Augenblick bei der Zentralverwaltung verweilen.

Die wichtigste Aufgabe für Kammer und Keller war, das Getreide für das Präbendalbrot zu liefern. Naturalgabe in Brot erhielten einmal die Kanoniker, aber nur für die Tage, an welchen sie dem Gottesdienst beigewohnt hatten. Der Notar schrieb jeweils die Anwesenden auf, und der Bäcker hatte die entsprechende Anzahl Brote zu backen, die dann unter die Berechtigten verteilt wurden. Außerdem wurde aber auch Brot an Beamte des Stifts geliefert, allerdings solches von geringerer Qualität, nicht weißes (simuli, Semmeln), wie an die Kanoniker, sondern bloß schwarzes. Je eine schwarze Präbende erhielten der Sakristan, der Förster in Fluntern und der Bäcker, der Zimmermann sogar zwei. Schwarze Präbenden waren ferner mit den Weinbergen der Kanoniker verbunden. Freilich stand nicht je einem Weinberg eine Präbende zu; nur 3 Weinberge hatten volle Präbenden, 13 je eine halbe, 3 nur je ein drittel, die übrigen 6 Weinberge hatten gar keine. Die mit dem Weinberg verbundene (ganze, halbe oder drittel) Präbende fiel nicht an den Kanoniker, dem der Weinberg zugewiesen war, sondern an den Weinbauer, der den Weinberg bestellte und jenem den halben Ertrag ablieferte. Diese Ordnung der schwarzen Präbenden, wie sie im 14. Jahrhundert bestand, ist als Überrest einer älteren Wirtschaftsform aufzufassen. Im frühmittelalterlichen Fronhof empfingen Präbenden, das ist Naturallieferungen für den Lebensunterhalt, die servi domestici, welche alle Arbeitskraft in den Dienst des Herrn stellen mußten und also sonst nichts verdienen konnten. Im Kloster St. Gallen zählte im 10. Jahrhundert die familia der praebendarii nicht weniger als 170 Mann. Abt Anno hat, wie Ekkehard[1] berichtet, ihre Kost verbessert, indem er ihnen Spelt gab, während sie vorher nur Hafer erhielten. Die familia, das Gesinde des Großmünsters, kann niemals so zahlreich gewesen sein als das des viel reicheren Klosters St. Gallen; die Einkünfte genügten nicht, um viele Knechte zu erhalten, und gerade der Umstand, daß nicht jedem Weinberg eine volle Präbende zugewiesen war, zeigt deutlich, daß die Zahl der Präbenden unverändert bestehen geblieben ist, auch nachdem der Eigenbetrieb der Fronhofswirtschaft aufgehört hatte. Von den Weinbergen selbst reichen keinesfalls alle in die Zeit hinauf, als der Eigenbetrieb noch in vollem Gange war. Die in Fluntern scheinen erst um die Mitte des 13. Jahrhunderts angelegt worden zu sein[2], allerdings auf Äckern, die zum Salland des Hofes Fluntern gehörten, also auch im herrschaftlichen Eigenbetrieb bestellt worden waren. Eben nur Reste der alten Ordnung haben sich bis ins 14. Jahrhundert erhalten, aber als solche auch ganz deutlich. Nur servi des Großmünsters wurden zu vinitores auf den Präbendalweinbergen ange-

[1] Casus s. Galli Kap. 136; St. Galler Mitteil. Bd. 15/16, S. 433.

[2] S. Urk.-B. der Stadt und Landschaft Zürich Bd. 2, No. 799, c. 1250.

nommen; sie saßen zu Erbrecht, jedoch mit Beschränkung der Vererbung auf Söhne und unter Ausschluß von Veräußerung oder Teilung. Als besonderer Dienst, zu dem die vinitores verpflichtet waren, wenngleich nicht ohne Entschädigung, erscheint die Leichenwache bei verstorbenen Kanonikern.

Wie die vinitores aus leibeigenen Knechten, so ist der Stiftsbäcker aus einem hofhörigen Handwerker hervorgegangen. Im 14. Jahrhundert war natürlich seine Stellung nicht mehr die alte; er wurde vom Kapitel ein- und abgesetzt, ohne Rücksicht auf seinen Personenstand. Indessen, die Präbendalordnung hat das Vorhandensein eines Bäckers zur Voraussetzung; gleich ihr muß das Amt in der Fronhofsverfassung wurzeln, und bei der Menge der täglich zu backenden Brote kann der Bäcker sein Werk ohne Gehilfen kaum je verrichtet haben. Es gab schon im Fronhof mehrere Bäcker, einen Meister und Gesellen. Mit dem städtischen Bäckergewerbe hatte jedoch die Hofbäckerei gar nichts zu tun. Die ältere, jetzt beseitigte Ansicht[1], welche die Zünfte aus hofhörigen Handwerkergenossenschaften ableiten wollte, trifft für Zürich so wenig zu wie für andere Städte. Die Hofbäckerei bestand vor und nach Entstehung der Bäckerzunft. Ganz unabhängig vom Hofe hat sich das städtische Bäckergewerbe entwickelt. Der oder die Hofbäcker arbeiteten stets ausschließlich für das Stift und die städtischen Bäcker für den Verkauf.

II.

Der Grundbesitz des Großmünsters war nach mittelalterlichen Begriffen keineswegs sehr umfangreich. Wohl erstreckte er sich über eine nicht ganz unbeträchtliche Anzahl Ortschaften in der näheren und ferneren Umgebung von Zürich; aber vielfach gehörten dem Stift nur vereinzelte Güter, die es meist erst in späterer Zeit erworben zu haben scheint. Alte Fronhöfe, voll eingerichtete Villikationen, hat es nicht viel besessen. Die wenigen sind aber historisch recht interessant, weil sich ihre Geschichte und damit zugleich die Geschichte der Dörfer, mit denen sie fast identisch sind, von der Karolingerzeit an verfolgen läßt. Das gilt vor allem von Schwamendingen am Nordabhang des Zürichberges, für welches zugleich das jüngere archivalische Material in seltener Vollständigkeit gedruckt vorliegt[2].

---

[1] Vergl. F. Keutgen, Ämter und Zünfte. Jena 1903.

[2] In der Publikation von J. H. Hotz, Zur Geschichte des Großmünsterstifts Zürich und der Mark Schwamendingen Bd. 1, Urkundenbuch. Zürich 1865.

Besitz zu Schwamendingen hat das Großmünsterstift von Picho, dem Sohn des Ertilo, geschenkt erhalten, jedenfalls schon im 9. Jahrhundert. Die Notiz findet sich im ältesten Stück des ersten Rotulus[1]. Im Jahre 929 wird ein bereits verstorbener cellerarius von Schwamendingen erwähnt, der ein Höriger des Stifts gewesen ist[2]. Im 13. Jahrhundert taucht der Kelner von Schwamendingen wieder auf und wird auch damals noch als servus des Stifts bezeichnet[3]. Von einem villicus oder Meier findet sich dagegen keine Spur. Den Besitz des Stifts zu Schwamendingen hat König Rudolf von Habsburg bestätigt[4]. Im Habsburger Urbar[5] wird als Eigentum des Gotteshauses Zürich zu Schwamendingen aufgeführt: 1 Dinghof (Kelnhof), 10 ½ Hufen, 6 Schupposen, die Wideme und eine Hufe in dem (benachbarten) Wallisellen. Von diesen Besitzungen des Stifts wurde der „Herrschaft“ Vogtrecht entrichtet; die Leute des Dorfs zahlten Steuer. Nur der Kelner war von der Steuer aus Gnade befreit; doch gab er dem Vogt einen Imbiß, wenn dieser im Mai und Herbst zu den Jahrgerichten kam. Die zur Villikation Schwamendingen gehörige Hufe zu Wallisellen ist im 9. Jahrhundert dem Stift von einem Presbyter Isanpert tradiert[6] und dann offenbar mit dem Hofe Schwamendingen vereinigt worden, anderen Besitz in Wallisellen hatte das Großmünsterstift nicht. Eine solche Festigkeit des Villikationsverbandes steht durchaus nicht vereinzelt. Zu dem ursprünglich St. Galler (niederen) Kelnhof in Stammheim gehörte noch im Jahre 1400[7] eine Hufe im benachbarten Eppelhausen, die das Kloster etwa im Jahre 962 durch Tausch erworben hatte[8]. Das Einkünfteverzeichnis des Großmünsters in den Statuten nennt für Schwamendingen gleichfalls den Kelnhof, 10 ½ Hufen und 6 Schupposen. Der Kelnhof entrichtete je nach der Bestellung der Zelgen im Turnus der Dreifelderwirtschaft 36, 32 oder 30 Scheffel Weizen. Von den 10 Hufen gab jede 5 Scheffel und 1 Viertel Weizen, die halbe Hufe nur 10½ Viertel. Die 6 Schupposen zinsten 5 Scheffel ans Kelleramt. Die Abgaben von der Wideme, der Ausstattung der Kapelle zu Schwamendingen, fielen an den Pleban,

---

[1] Z. U.-B. I, No. 37, c. 820.

[2] Ibid. No. 192, 929.

[3] Ibid. II, No. 857, 1253.

[4] Ibid. V, No. 1654, 1277.

[5] Ed. R. Maag, Quellen zur Schweiz. Gesch. Bd. 14, S. 252.

[6] Z. U.-B. I, No. 37.

[7] Urkundenbuch der Abtei St. Gallen, hg. von H. Wartmann, Bd. 4, No. 2200.

[8] Ibid. III, No. 808.

unter dessen Einkünften sie aufgezählt sind, und betrugen 5 Scheffel Weizen, 4 Malter Hafer, 1 Fuhre Heu, 4 Hühner und 2 Schweine, jedes im Wert von 7 sol. Der Getreidezins war nicht der einzige, den das Stift von Schwamendingen bezog; es wurde auch 1 Schwein geliefert; der Propst erhielt vom Kelner 1 Fuhre Heu, ferner 2 Fuhren Holz, auch Hühner, Eier und anderes.

Hufen und Schupposen oder vielmehr die zugehörigen Äcker befanden sich im 14. Jahrhundert nicht in der Hand jeweils eines Inhabers, sondern waren stark zerstückelt, und mit dem Boden ist der auf ihm lastende Grundzins geteilt worden. Die Hufenverfassung bestand also nur noch nominell fort; tatsächlich teilte sich eine ganze Anzahl Personen in die zur Hufe gehörigen Äcker und entrichtete den auf sie entfallenden Bruchteil des Zinses. Es konnte auch vorkommen, daß die gleiche Person Äcker von verschiedenen Hufen inne hatte. Das Besitzrecht an Hufen und Schupposen war ein erbliches (ius hereditarium); sie gingen also an die Erben des Inhabers über und konnten auch von ihnen ganz oder teilweise veräußert werden, vorbehaltlich der Entrichtung des schuldigen Zinses und unter Beschränkungen, von denen das Schwamendinger Weistum vom Jahre 1346[1] Kunde gibt. Dort ist gesagt: Wer seine Besitzungen, die er zu Erbe von der Kirche Zürich inne hält, verkaufen will, soll dieselben erst seinem nächsten Teilgenossen anbieten. Der hat das Vorkaufsrecht, wenn er so viel bietet als ein anderer. Bietet er nicht so viel, so geht das Vorkaufsrecht auf Propst und Kapitel über; und wenn diese davon keinen Gebrauch machen, so darf der Verkäufer die Veräußerung an eine Person seines Standes, einen Gotteshausmann, vornehmen, so gut er kann. Der Käufer entrichtet den Ehrschatz an den Propst, den Stiftskellerer und den Kelner von Schwamendingen. Unter Teilgenosse (parciarius, geteilit) ist offenbar der Anteilhaber an der gleichen Hufe oder Schuppose zu verstehen, welcher der zu verkaufende Acker angehört. Der Vorbehalt der Veräußerung an Gotteshausleute zeigt, daß die Bewohner des Dorfes im 14. Jahrhundert solche waren. Freizügigkeit stand ihnen zu. Der Vogt durfte ihnen nicht nachjagen, wenn sie bei der Abreise auf dem Weg nach Zürich den Herzogenbach überschritten hatten. Leibherrliche Rechte des Stifts über unfreie Gotteshausleute konnten

[1] Bei Hotz, l. c. S. 318ff., aus dem oben erwähnten Codex, lateinisch; ibid. S. 10ff. eine wenig abweichende deutsche Öffnung, die ins 15. Jahrhundert gesetzt ist.

durch die Veränderung des Wohnsitzes natürlich nicht berührt werden; der Abzug begründete nur Befreiung von der Gerichtsbarkeit des Vogts, änderte aber nicht das Standesverhältnis.

Nicht alle Bewohner von Schwamendingen können Hörige des Stifts gewesen sein. Das Weistum sagt nur: Diejenigen, welche es sind (villani in Swabendingen, qui sunt servi ecclesie Thuricensis), die haben Zugrecht mit denen von Reichenau, Einsiedeln und der Abtei Zürich. Immerhin können auf dem Boden des Stifts außer den unfreien nur noch freie Gotteshausleute gesessen haben. Die Frage, ob es auch Bewohner von Schwamendingen gegeben hat, die nicht Gotteshausleute des Großmünsters waren, hängt also aufs engste mit der anderen Frage zusammen, ob aller Grund und Boden in der Gemarkung Schwamendingen dem Stift gehörte. Eine sichere Antwort darauf läßt sich nicht geben. Die ursprüngliche Schenkung hatte nicht auf alles gelautet, aber der spätere Besitz erscheint doch so umfangreich, daß für andere Grundeigentümer nicht viel Platz bleibt. Immerhin sagt das Weistum: Der Propst sitzt zu Gericht: „de bonis immobilibus, que iure hereditario ab ecclesia Thuricensi, vel proprietatis titulo possidentur“, also über Erbe und Eigen, eine Formel, die sich übrigens auch sonst vielfach in Weistümern findet. Anderes grundherrliches Eigentum zu Schwamendingen als das des Großmünsters ist nirgends nachweisbar. Daß einzelne Ackerparzellen den Bauern zu eigen gehörten, bleibt nicht ausgeschlossen; einen positiven Beweis dafür aus späterem Material kann ich jedoch nicht beibringen. Freilich hat auch das 15. Jahrhundert in den Grundbesitzverhältnissen zu Schwamendingen tiefgreifende Umwandlungen herbeigeführt.

Die Gerichtsbarkeit in Schwamendingen erscheint territorial abgegrenzt. Der Propst übte die niedere Gerichtsbarkeit, Zwing und Bann, im Dorf und seiner Gemarkung, und der Vogt die hohe über Dieb und Frevel. Jede Feuerstelle entrichtete dem Vogt und dem Propst je ein Fastnachtshuhn. Bei den Jahresgerichten des Propstes erscheinen auch Auswärtige; denn wer vom Gotteshaus Güter hat, 7 Schuh lang und breit, sollte an der Dingstatt sich einstellen. Die Dorfbewohner waren wohl sämtlich zur Anwesenheit verpflichtet. Vermutlich hatte jeder von ihnen wenigstens das erforderliche Minimalmaß vom Kirchengut inne, wie das ja bei der weitgehenden Zersplitterung der Hufen leicht eingetreten sein konnte. Selbst wenn sie also noch etwelches Eigen besessen haben sollten, würden sie doch unter die Gerichtsbarkeit des Propsts gefallen sein.

Im Unterschied von Hufen und Schupposen war der Kelnhof nicht Erblehen, sondern Handlehen; er wurde, wie Urkunden[1] zeigen, auf Lebenszeit ausgetan unter Vorbehalt sachgemäßer Bewirtschaftung. Jedesmal bei den Jahresgerichten sollte nach dem Weistum der Kelner den Hof aufgeben und erst nach geschehener Untersuchung, ob er dem Hofe nützlich sei, ihn zurückempfangen. Die Bewirtschaftung des Kelnhofs muß übrigens mannigfachen Wandlungen unterlegen haben. Ursprünglich wurde er jedenfalls zusammen mit dem zugehörigen Salland auf Rechnung des Stifts verwaltet, so daß das Stift allen Ertrag bezog und der Kelner (durch Gehalt in irgend einer Form) für seine Tätigkeit Entschädigung empfing. Wann er den Hof in eigene Wirtschaft übernahm, ist nicht ersichtlich. Jedenfalls war der Zins, den er aufzubringen hatte, sehr beträchtlich im Vergleich zu dem von Hufen und Schupposen zu leistenden. Im 15. Jahrhundert scheint der Kelnhof tatsächlich erblich gewesen zu sein, indem er vom Vater auf den Sohn überging.

Die Hufenverfassung von Schwamendingen ist, wie bereits bemerkt, nicht unverändert geblieben. Im 14. Jahrhundert erscheint sie in voller Auflösung begriffen; später ist sie wieder hergestellt worden. Ein Urbar des 16. Jahrhunderts[2] zählt außer dem Kelnhof 13 als Hufen bezeichnete Besitzungen auf, nämlich: 8 ganze Hufen, eine halbe Hufe, ein aus anderthalb und ein aus 2 Hufen bestehendes Besitztum, sowie eine ganze und eine halbe Widumhub. Schupposen fehlen gänzlich. Die Größe der Hufen ist verschieden. Die Hirzhub hatte 48 Joch, die Studershub 63$^1/_4$ Joch, die aus der Volmarshub und Küngshub zusammengelegte Schribershub 83 Joch, Peter Bachmanns Widumhub 88$^1/_2$ Joch. Am größten war der Kelnhof mit 145$^1/_2$ Joch. Auch die Zinse sind nicht die gleichen wie früher. Im 16. Jahrhundert durften die Hufen nicht mehr geteilt werden. Das Schwamendinger Weistum von 1533[3] bestimmt ausdrücklich: Es soll bei den einmal gemachten Stücken bleiben; wer etwas von den Hufen verkauft oder vertauscht, verliert seine Erbberechtigung. Die ganze Hufe konnte natürlich von dem zu Erbrecht sitzenden Inhaber verkauft werden, vorbehaltlich der Leistungen an das Stift; nur die

---

[1] Bei Hotz No. 6, 1334; 233, 1376; 16, 1466; 17, 1481; 18, 1492; 19, 1497.

[2] Ibid. S. 38, No. 45.

[3] Ibid. S. 39ff., No. 46; auch bei Schauberg, Zeitschrift für ungedruckte Schweiz. Rechtsquellen Bd. 1, Zürich 1844, S. 115ff. Auszug bei Grimm, Weistümer 4, 295.

Veräußerung von Parzellen war ausgeschlossen. Die älteren Weistümer schrieben die Unteilbarkeit noch nicht vor. Vermutlich ist sie zugleich mit einer Neuordnung der Hufenverfassung im 15. Jahrhundert nach dem alten Zürichkriege eingeführt worden, dessen Verwüstungen[1] die Zusammenlegung der Parzellen erleichtert haben werden.

Ähnliche Verhältnisse wie in Schwamendingen finden sich in dem Stiftshof Albisrieden. Albisrieden gehörte noch länger dem Großmünster als Schwamendingen. Es wird im ersten Rotulus[2] als ursprüngliche dos der Kirche aufgeführt mit allem Zubehör in Berg und Tal und unfreier familia. Demnach scheint es eines der in Alamannien so seltenen grundhörigen Dörfer gewesen zu sein, die ganz im Eigentum eines einzigen Grundherrn standen. Die Vogtei über Albisrieden hat das Stift 1255[3] erworben; das Weistum von 1346[4] konnte daher dem Stiftspropst alle Jurisdiktion und merum imperium zuschreiben. Ein Kelnhof in Albisrieden wird nicht erwähnt; seine Stelle nimmt hier der Meierhof ein, dem das Salland zugewiesen war. Der Meierhof wurde nach dem Weistum wie der Kelnhof zu Schwamendingen bei den Jahresgerichten dem Stift aufgegeben und dem Meier wiederverliehen nach vorangegangener Untersuchung, ob er dem Hofe nützlich sei. Inwieweit hier alter Brauch vorliegt, kann recht fraglich sein. Vermutlich ist die Umwandlung des Meierhofs in ein Handlehen erst 1264[5] erfolgt, als ihn der bisherige villicus Rüdiger dem Stift gegen eine lebenslängliche Pension aufgab.

Hufen zu Albisrieden werden im Einkünfteverzeichnis der Statuten drei und eine halbe aufgeführt. Die Hufen sind jedoch, wie dort gesagt ist, im Laufe der Zeit durch Verkäufe, Vertauschungen und Schenkungen so zerteilt worden, daß an Herstellung des ursprünglichen Bestandes nicht zu denken sei; auch wechselten die Inhaber der Parzellen sehr häufig. Manche Stücke scheinen an Bürger von Zürich gekommen zu sein, die sie an Dorfleute zur Bewirtschaftung übergaben. Nach dem Weistum müssen die villani, welche Äcker von Züricher Bürgern bauen, ihre Herren von der Abhaltung der Jahresgerichte benachrichtigen, damit sie erscheinen können.

---

[1] Vergl. Hotz, S. 22, No. 22.
[2] Z. U.-B. I. No. 37, c. 820.
[3] Ibid. III, No. 940.
[4] Grimm, Weistümer 4, 325.
[5] Z. U.-B. III, No. 1255.

Im Gegensatz zu Schwamendingen und Albisrieden steht es für Höngg sicher fest, daß in der Dorfgemarkung das Großmünsterstift nicht der einzige Grundherr war. St. Gallen erwarb bereits in sehr alter Zeit dort Besitzungen[1], und auch Einsiedeln hatte solche schon recht früh[2]; aber der bedeutendste Grundherr in der Gemarkung von Höngg war das Großmünsterstift. Zwei und eine halbe Hufe gehörten zu seiner ursprünglichen Ausstattung[3]. Wohl noch im 9. Jahrhundert wurde der Besitz durch Rodung erweitert, in der Weise, daß freie Leute (12 an Zahl) und zwei Unfreie des Stifts im Markwalde Beifänge anlegten. Das Stift autorisierte sie dazu gegenüber den anderen Miteigentümern der Mark und empfing dafür von ihnen servitia, die später der minister des Stifts zu Unrecht für sich in Anspruch nahm[4]. Andere Rodungen scheint der minister Meginhardus mit Unfreien vom Stiftshofe auf eigene Faust ausgeführt zu haben, doch mußte auch für das von ihm gewonnene Nutzland das Eigentumsrecht des Stifts anerkannt werden[5]. Von Hufen in Höngg ist später nicht mehr viel die Rede. Eine zu Einsiedeln gehörige Hufe wird im Urbar dieses Klosters von 1331 erwähnt; die hatte Ritter Hugo Brun zu Lehen[6]. Sonst waren wohl die Güter sehr stark zerteilt. Über die Grundbesitzverhältnisse in Höngg gibt leider die Publikation der Rechtsquellen des Orts von Stutz wenig Auskunft[7]. Stutz hat zur Erläuterung der Weistümer und sonstigen Rechtsaufzeichnungen nur einige Urkundenauszüge beigefügt; es durften jedoch keinesfalls die Urbare außer acht gelassen werden, ohne deren Benutzung ein wirkliches Verständnis von Weistümern kaum möglich ist.

Die niedere Gerichtsbarkeit in Höngg, Zwing und Bann, stand dem Propst des Großmünsters zu[8], erstreckte sich aber nicht bloß über die dem Stift gehörige Villikation, sondern über das ganze Dorf, also auch über den Einsiedler Besitz und über denjenigen anderer Grundeigentümer, falls es solche noch gab, was zu vermuten ist. Die niedere Gerichtsbarkeit des Propsts war also territorial begrenzt wie die hohe des Vogts, nur hatten dem Vogt alle

[1] S. ibid. I, No. 81, 858; 110, 870; 170, 898.
[2] S. ibid. No. 223, 996.
[3] Ibid. No. 37, c. 820.
[4] Ibid. No. 190, 924/31.
[5] Ibid. No. 200, 949/54.
[6] Geschichtsfreund Bd. 45, S. 135.
[7] U. Stutz, Die Rechtsquellen von Höngg. Basel 1897.
[8] S. die Öffnung von 1338 bei Stutz, l. c. S. 4ff., No. 1.

Feuerstätten in Höngg das Fastnachtshuhn zu liefern, während der Propst es nur von den Feuerstätten erhielt, die auf dem Boden seines Stifts angelegt waren. Als bloße Pertinenz der Grundherrschaft ist die niedere Gerichtsbarkeit in Höngg nicht aufzufassen. Das Weistum von 1338 sagt, daß sie dem Propst „auctoritate imperiali" („von des keisers gewalt") zustand. Im Weistum von Albisrieden findet sich allerdings dieselbe Bemerkung über die Herkunft der Gerichtsbarkeit, bezieht sich hier aber auf die vom Reiche herrührende Vogtei. Im Schwamendinger Weistum ist die (niedere) Gerichtsbarkeit des Propsts geradezu in Gegensatz gestellt zum öffentlichen Gericht des Vogts. Die Ausdehnung der Gerichtsbarkeit des Propsts über das ganze Dorf Höngg kann nicht wohl ohne besondere Verleihung von seiten einer höheren Gewalt erfolgt sein. Auf der Territorialisierung der Gerichtsbarkeit beruht die scheinbare Anerkennung des Grundsatzes, daß die Luft in Höngg unfrei mache. Im Weistum von 1338 ist gesagt: Jeder Ankömmling, der Jahr und Tag in Höngg verweilt, soll dem Propst und dem Vogt dienen wie ein anderer in Höngg ansässiger servus der Kirche Zürich. Der Wohnsitz am Ort zog eben die Stellung unter die Gerichtsgewalt von Propst und Vogt nach sich. Mit dem Wegzug, den der Vogt nicht hindern darf, endet das Untertänigkeitsverhältnis.

III.

Die Organisation des Großmünsterstifts Zürich ist gleich wie die Verwaltung seiner Besitzungen derjenigen anderer geistlicher Korporationen zu jener Zeit äußerst ähnlich. Auch im Kloster St. Gallen findet sich die Überweisung bestimmter Einkünfte an die einzelnen Ämter und die Bestreitung der regelmäßigen Ausgaben (für den Unterhalt der Mönche) durch die Ämter; nur lassen die sehr ausführlich gefaßten Statuten des Großmünsters die eigentümlichen Verhältnisse viel deutlicher erkennen als das dürftigere St. Galler Material. Dagegen sind aber die Nachrichten über die Stiftshöfe in den Weistümern und Urbarialaufzeichnungen zu jungen Ursprungs, um alle Stufen des Entwicklungsganges noch vollständig erkennen zu lassen, und es ist überhaupt das aus dem Großmünster vorliegende Material bei dem verhältnismäßig geringen Umfange der Besitzungen des Stifts zu beschränkt, um über die Hofverfassung und die mit ihr in Zusammenhang stehenden Institutionen nach allen Richtungen hin Aufschluß geben zu können. Indem ich daher auf einige der berührten Fragen noch näher eingehe, stütze ich mich hauptsächlich auf St. Galler Material aus Band 3 und 4 des

Wartmannschen Urkundenbuchs, aber nicht ausschließlich. Wohl die beste Einsicht in die Verwaltung einer Villikation gewährt ein Einsiedler Weistum, den Hof Eschenz betreffend[1], das zwar erst vom Jahre 1296 datiert, aber auch so wohl eines der ältesten der Schweiz ist und jedenfalls noch die Hofverfassung in ihrer reinen Gestalt zeigt, wenig berührt von den späteren tiefgreifenden Umwandlungen.

Zur Geschichte des Hofes Eschenz bemerke ich, daß derselbe vermutlich aus Königsgut stammte[2], im 10 Jahrhundert dem Grafen Guntram dem Reichen gehört hatte und, als dessen Güter konfisziert worden waren, von Otto I. 958 dem Kloster Einsiedeln geschenkt wurde[3]. In dem Eschenzer Weistum von 1296 treten nun die Grundzüge der Fronhofsverfassung aufs deutlichste hervor. Der Hof (curia) umfaßte den Boden mit zubehörenden Rechten, der im Eigentum eines Grundherrn stand und von ihm zum Zwecke der Bewirtschaftung einer lokalen Verwaltungsstelle zugewiesen war. Als Regel kann gelten, daß zum Hofe nicht ein Landkomplex innerhalb bestimmter Grenzen gehörte, also etwa eine ganze Dorfgemarkung; das war im 13. Jahrhundert so wenig als in der Karolingerzeit der Fall. Vielmehr lagen die Bestandteile des Hofes über verschiedene, meist allerdings benachbarte Orte zerstreut; sie nahmen nicht den ganzen Ort ein, nach dem der Hof seinen Namen empfangen hat, wohl aber noch andere Orte teilweise. Als Bestandteile des Hofes erscheinen der Kelnhof, Hufen und Schupposen. Vom Hofe Eschenz lagen zu Eschenz selbst der Kelnhof, 7 Schupposen und 1 Mühle, zu Windhausen 2 Hufen, zu Bornhausen 3 Hufen, zu Buluhausen 2 Hufen, zu Schaffert 4 Hufen und mehrere Schupposen etc. Ähnlich verteilt war das Land der St. Galler Höfe. Die $34^1/_2$ Hufen des Hofes Zell-Kißlegg lagen im ganzen an 24 Orten, die 20 Schupposen an 10 Orten[4]. Von den 7 Hufen des Hofes Mönchaltorf[5] lagen nur 2 am Orte selbst, 3 zu Riedlikon und je eine zu Vollikon und Sulzbach. Von den Schupposen lagen 17 zu Mönchaltorf, 2 zu Egg, je eine zu Lutikon, Tobel, Teufenthal etc.

---

[1] Bei Grimm, Weistümer 4, 423ff.

[2] S. Z. U.-B. I, No. 127, 875/76, wo der Königssohn Karl (III.) handelnd auftritt, „actum in villa Aschinza".

[3] M. G. Dipl. 1, 271, No. 189.

[4] St. G. U.-B. 3, 747f.

[5] Ibid. 754.

Die Inhaber des Hoflandes, der Hufen sowohl als der Schupposen, waren ihrem Standesrecht nach Gotteshausleute, und zwar zu Eschenz Leibeigene, denen die Ehe außerhalb der Genossenschaft untersagt ist, und die, wenn sie sterben, ohne Kinder zu hinterlassen, vom Gotteshaus beerbt werden. Ihr Anrecht auf Hufen oder Schupposen war kein festes und unbedingt erbliches. Stirbt der Inhaber, so soll sein Gut in der Regel auf Söhne und Töchter übergehen, falls diese dem Gotteshaus nützlich sind, also Garantie gewähren für pünktliche Entrichtung der Zinse. Fehlen Kinder, so wird Hufe oder Schuppose anderweitig besetzt. Dafür kann nun aber auch ein Hofmann, der noch kein Gut hat, gezwungen werden, ein solches anzunehmen. Es ist sogar Versetzung von Hufen auf Schupposen und von Schupposen auf Hufen möglich. Ein Zug altertümlicher Strenge liegt darin, daß noch zu Ende des 13. Jahrhunderts die Hofgüter von Eschenz nicht unbedingt erblich waren; aber freilich, die Leistungen von den Hufen waren durchaus nicht mehr die gleichen wie zur Karolingerzeit. Es fehlen völlig die damals so schwer auf den Unfreien lastenden Frondienste von drei Tagen in jeder Woche. Als wichtigste Leistung erscheint nunmehr der Getreidezins, durchschnittlich 10 Scheffel Weizen und 5 Malter Hafer von der Hufe; dazu wurde 1 Schwein, 1 Schaf und auch anderes gegeben. Die Schupposen waren viel niedriger belastet als die Hufen, meist mit 2 Scheffeln Korn. In den St. Galler Verzeichnissen erscheint die Belastung von Hufen und Schupposen ähnlich normiert. Vor allem sind auch hier fast durchgängig die alten Fronden verschwunden. Diese Erscheinung läßt sich nur durch das Aufhören des herrschaftlichen Eigenbaus auf dem Salland erklären. Das Salland war zum Kelnhof geschlagen und wurde vom Kelner bewirtschaftet, wie die Hufe vom Hufner, nur daß der Kelner erheblich mehr giltet als der Hufner; gelegentlich gibt er eine Quote vom Ertrage ab, etwa die Hälfte.

In Eschenz waren Kelnhof, Försterlehen und Mühle Handlehen, wie der Kelnhof in Schwamendingen. Ehrschatz wurde bei der jährlichen Erneuerung der Verleihung nicht entrichtet. Sonst fiel bei Handänderung der Ehrschatz vom Kelnhof und den Hufen an das Gotteshaus, von den Schupposen an den Meier. Dieser Unterschied scheint auf die verschiedene Entstehung von Schupposen und Hufen hinzuweisen. Hufen als Bestandteil der Villikation waren schon zur Karolingerzeit vorhanden, Schupposen noch nicht, und wenn auch gelegentlich eine Schuppose einer Viertelhufe gleichgesetzt wird, so ist doch nicht anzunehmen, daß die Schupposen aus zerstückelten Hufen hervorgegangen sind. Die Auflösung der Hufen vollzog sich in der Regel nicht durch Zersplitterung in Hälften und Viertel. Vermutlich sind die Schupposen vom Meier neben den schon bestehenden Hufen auf grundherrlichem Boden neu angelegt worden; daraus konnte er das Anrecht auf Ehrschatz von den Schupposen ableiten.

Der Meier von Eschenz war ein ritterlicher Ministeriale. Seine wesentlichen Funktionen bestanden im Einziehen der Zinse von den Pflichtigen und Ausübung der niederen Gerichtsbarkeit, des Zwing und Bann. Über Dieb und Frevel richtete der Vogt. Augenscheinlich erstreckte sich die Gerichtsbarkeit des Meiers nur über die Hofgenossen, nicht über das ganze Dorf Eschenz; sie war nicht territorial begrenzt, so wenig wie das Hofland. Hierin liegt ebenfalls ein altertümlicher Zug, der in den jüngeren Weistümern fehlen muß, weil später die Gerichtsbarkeit wieder territorial geworden ist, sowohl die niedere des Meiers als die hohe des Vogts. Der Meier übte die Gerichtsbarkeit nicht zu eigenem Recht kraft Verleihung durch die öffentliche Gewalt, wie der Vogt, sondern als Vertreter des Grundherrn. Indem er aber sein Amt zu Lehen inne hielt, besaß er ein erbliches Anrecht auf die Ausübung seiner Funktionen. Am Ende des 13. Jahrhunderts war wohl nicht mehr sehr häufig in der Villikation der villicus oder Meier überhaupt noch vorhanden. Auf den St. Galler Höfen sind teilweise schon viel früher die Rechte des Meiers vom Grundherrn, dem Abt oder Kloster, durch Auskauf erworben worden. An Stelle des belehnten Meiers trat dann der gesetzte Ammann, der sein Amt nach Gutdünken des Herrn inne hielt.

Die Organisation des Hofes, die im Eschenzer Weistum erkennbar wird, ist, wie bereits bemerkt, als die regelmäßige anzusehen, wenigstens für die Großgrundherrschaften auf alamannischem Stammesgebiet mit ihren alten, seit der Karolingerzeit fest eingerichteten Höfen. In kleineren Grundherrschaften mochten einfachere Verhältnisse bestehen; es wurden etwa nur zwei, nicht drei Jahresgerichte gehalten, es gab nur Meier oder Kelner auf dem Hofe, nicht beide zusammen. Veränderungen in der Organisation der Höfe begannen schon im 12. Jahrhundert, und später hat vor allem die Territorialisierung der Gerichtsbarkeit die alten Formen bis zur Unkenntlichkeit entstellt, so daß aus den Weistümern des 14. und 15. Jahrhunderts Rückschlüsse nur mit größter Vorsicht gezogen werden dürfen.

IV.

Die Villikationsverfassung, welche dem Meier Einzug der Abgaben und Ausübung der niederen Gerichtsbarkeit zuweist, dem Kelner hingegen den Bau des Sallands, entspricht nicht der im capitulare de villis Karls des Großen[1] dargestellten. Hier fehlte die Zweiteilung der Beamtungen in Meier und Kelner. Der Meier leitete zugleich die Sallandwirtschaft; ihm war als oberer Beamter der iudex vorgesetzt, dem die Aufsicht über eine Mehrzahl von Höfen und Meiern zustand. Es ist wohl möglich, daß im 9. Jahrhundert auch die St. Galler Großgrundherrschaft noch anders, dem Königsgut ähnlicher organisiert war als später. Für diese Zeit lassen, den iudices entsprechend, die Pröpste als Vorsteher größerer Komplexe von Klostergut sich nachweisen[2]. In ihrer Eigenschaft als Mönche können freilich diese Außenpröpste nur die ökonomischen Funktionen der iudices geübt haben, nicht auch die richterlichen und militärischen. Für deren Wahrnehmung waren ihnen die advocati beigegeben. Im 10. Jahrhundert ist an Stelle der Mehrzahl von Bezirksvögten ein einziger Schirm- oder Kastvogt des Klosters getreten[3]. Auch die Außenpröpste sind verschwunden; erhalten haben sich bis in weit spätere Zeiten nur zwei der Propsteien, die im Aargau und die im Breisgau. Mit dem Wegfall der Zwischenstelle wurden die Höfe unmittelbar der Zentralverwaltung untergeordnet. Es ließe sich vermuten, daß damit die Trennung des Meier- und Kelneramts zusammenhängt und etwa die Übertragung richterlicher Funktionen des Bezirksvogts auf den Meier. Indessen wird die Trennung für die Zeit des Abts Hartmann (922/25) als bestehend in dem bekannten Bericht Ekkehards von der Anmaßung der villici vorausgesetzt[4].

Ekkehard läßt die Meier sagen: Die Kelner mögen die Höfe besorgen und die Äcker bestellen; wir wollen unsere Benefizien pflegen und, wie es Männern geziemt, der Jagd uns widmen. Damit ist die Stellung von Meiern und Kelnern bereits so gekennzeichnet, wie sie aus den späteren Urkunden und Urbaren sich ergibt. Dem ritterlichen Meier steht der Kelner als Bauer gegenüber, der das Salland bewirtschaftet. Im 12. Jahrhundert ist ein-

---

[1] M. G. Capitul. 1, 83 ff.

[2] S. Meyer v. Knonau in den St. Galler Mitteilungen zur vaterländischen Geschichte H. 13, S. 75 ff.

[3] Vergl. oben S. 54.

[4] Casus s. Galli Kap. 48; St. Galler Mitt. H. 15/16, S. 176 ff.

mal davon die Rede[1], daß auch die Kelner ihre Höfe nach Benefizialrecht innehalten wollten, und daß einige von ihnen gegen das Herkommen nach Sitte der Edlen das Schwert umgürteten. Hierbei handelte es sich um einen Versuch der Kelner zur Hebung ihrer sozialen Stellung, der nicht geglückt sein dürfte. Ritter sind sie nicht geworden, und daß der Kelnhof nicht erblich wurde, besagen die Weistümer ausdrücklich. Es kann sich nur fragen, ob den Meiern früher wirklich das gelang, womit die Kelner später nicht zum Ziele kamen. Ich sehe mich um so mehr veranlaßt, auf die Frage nach dem Ursprung der Ministerialen (denn das sind die villici geworden) näher einzugehen, weil ich mich der geltenden Ansicht von ihrer Unfreiheit nicht anschließen kann; wenigstens kann ich nicht die Herkunft der Ministerialen von Leuten unfreien Standes annehmen. Daß später die Ministerialen für unfrei galten, ist über jeden Zweifel erhaben. Es legen dafür die Rechtsbücher des 13. Jahrhunderts und auch Urkunden untrügliches Zeugnis ab; aber die spätere Auffassung des Rechtsverhältnisses beweist nicht für seinen Ursprung und die Entstehung des Standes.

In der angezogenen Stelle bei Ekkehard könnte ein Ausdruck dafür sprechen, daß er die villici als Unfreie ansah. Er sagt in Beziehung auf sie: „servi, si non timent, tument“. Freilich fährt er fort: sie begannen Schilde und glänzende Waffen zu tragen und stießen ins Jagdhorn, statt wie die anderen villani ins Alphorn.

Villani brauchen nicht Unfreie zu sein, und Waffen haben die Unfreien vor dem 10. Jahrhundert in Alamannien gewiß nicht häufig getragen, während dies doch Ekkehard von den villici voraussetzt, indem er sagt, daß sie bessere Waffen anlegten, als sie bisher zu tragen pflegten. Ferner läßt es sich nicht als Regel voraussetzen, daß Unfreie Benefizien inne hatten. Das capitulare de villis (c. 50) unterscheidet ausdrücklich freie Leute, die auf den Königshöfen als Pferdewärter Dienst tun, die haben statt der Besoldung ein beneficium, und Unfreie (fiscalini), die haben zum Lebensunterhalt Hufen oder sie erhalten Präbenden. Daß maiores Benefizien haben, erwähnt das Kapitulare (c. 10), und es bestimmt auch (c. 60): Zu Meiern sollen nicht potentiores homines genommen werden, sondern mediocres, die treuer sind. Solche Ausdrücke konnten auf Unfreie nicht Anwendung finden. Es mag ja vorgekommen sein, daß Unfreie zu villici eingesetzt

[1] Cont. casuum St. Galli Kap. 37; St. Galler Mitteil. H. 17, S. 100.

wurden; der Herr konnte schließlich seinen Hof verwalten lassen, von wem er wollte; aber daß gerade die unfreien villici ritterliche Ministerialen geworden sind und die freien nicht, ist doch höchst unwahrscheinlich.

Ekkehard wendet den Ausdruck ministeriales im späteren Sinne des Wortes nicht an. Um so öfter spricht er von milites des Bischofs von Konstanz, des Abts von St. Gallen und anderer Herren. Die milites stellt er[1] den comites aliique potentes (den Grafen und Freiherrn) gegenüber, andererseits den famuli, dem unfreien Gesinde des Klosters[2]. Die milites bei Ekkehard nahmen die Stellung ein, welche später recht eigentlich den Ministerialen eigentümlich war. Abt Notker (971/77) zog sie zum Hofdienst heran, indem er sich von ihnen als Truchsessen und Schenken im wöchentlichen Turnus bei Tisch bedienen ließ; also die milites bekleideten Ministerialenämter. Söhne, welche die Benefizien ihrer Väter erhalten sollten, ließ der Abt an seinem Hofe in strenger Zucht auferziehen, mit besonderer Rücksicht auf die körperliche Ausbildung. Waren sie erwachsen, so gab er ihnen die Ritterrüstung und Geschenke[3]. Das ist die Erziehung von Ministerialen, wie sie in späteren Quellen anderer Herkunft sich wiederfindet. Andererseits stellte sich Ekkehard unter dem miles keinen Mann unfreien Standes vor. Er nennt Otker, den Bruder des Abts Ruodman von Reichenau, frater et miles abbatis[4]. So wenig wie der Abt des reichsunmittelbaren Klosters, das später nur geborene Freiherrn zu Mönchen annahm, kann auch sein Bruder und Dienstmann aus dem Stande der Unfreiheit hervorgegangen sein.

Ekkehard ist kein zuverlässiger Gewährsmann, weder für Geschehnisse des 10. Jahrhunderts, noch für die damaligen Zustände. Ein merkwürdiges Beispiel für seine Art, spätere Verhältnisse in frühere Zeiten zurückzuversetzen, findet sich in seiner Erzählung vom Ungarneinfall[5]. Damals habe der Abt, um die Waldburg zu besetzen, die Mönche und das Gesinde des Klosters bewaffnet; denn die milites waren jeder nur für sich besorgt. Die Angabe ist, soweit sie sich auf die milites bezieht, unwahrscheinlich. Es wäre höchst treulos (geradezu Felonie) von den milites gewesen, ihren Dienstherrn und sein Kloster im Stich zu lassen,

[1] Kap. 136, S. 431.
[2] Kap. 135, S. 429 f.
[3] Ibid.
[4] Kap. 93, S. 341; Kap. 115, S. 383.
[5] Kap. 51, S. 193 ff.

und sie hätten auch sehr wenig klug daran gehandelt, denn wo hätten sie sichreren Schutz vor den Ungarn finden können, als auf der Waldburg, da sie doch selbst noch keine wehrfähigen Burgen besaßen. Der ältere Bericht über den Ungarneinfall, den die vita s. Wiboradae bringt[1], weiß denn auch nichts von der Treulosigkeit der St. Galler Dienstmannschaft. Als Besatzung des Kastells erscheinen außer Mönchen und Klostergesinde Leute aus der Umgegend, natürlich waffenfähige und geübte Freie, die dort Zuflucht suchten; von milites ist gar nicht die Rede. Die Abweichung in der Erzählung bei Ekkehard läßt sich unschwer verstehen. Er kannte die vita s. Wiboradae und vermißte in ihr die Erwähnung der Dienstmannen. So machte er sich eine Erklärung zurecht, die, wie er gar nicht bemerkte, für die Getreuen des Klosters wenig schmeichelhaft war. Die einzig mögliche Erklärung für die allerdings auffällige Tatsache, daß der Abt Mönche und Knechte bewaffnen mußte, scheint ihm nicht in den Sinn gekommen zu sein. Am Anfang des 10. Jahrhunderts gab es noch gar keine Dienstmannen des Klosters. Die St. Galler Ministerialität ist erst im Laufe des 10. Jahrhunderts entstanden. Ekkehard hat die ihm geläufigen Zustände seiner Zeit in die frühere übertragen.

Im 11. Jahrhundert muß das Recht der St. Galler Dienstmannschaft bereits zu festen Formen ausgebildet gewesen sein; es wurde im Jahre 1064 von König Heinrich IV. den Einsiedler Ministerialen verliehen[2]. Hatte nun aber Ekkehard bei seinen anschaulichen Schilderungen Zustände des 11. und nicht des 10. Jahrhunderts vor Augen, so sind seine Angaben betreffs der milites um so beweiskräftiger dafür, daß eben die Ministerialen mit den Unfreien nichts zu tun haben. In der Auffassung des Standesverhältnisses der Ministerialen komme ich wesentlich auf die Ansicht zurück, welche einst Waitz im fünften Bande seiner deutschen Verfassungsgeschichte vertreten hat[3]. Der Herrendienst, am Hofe, in der Gutsverwaltung und im Felde, bildete die Grundlage für die soziale Stellung der Dienstmannen. Der Dienst beruhte auf privatrechtlicher Verpflichtung; er führte zu Unterordnung und Gehorsam. Die persönliche Gebundenheit, welche der Dienst mit sich brachte, konnte wohl später als Zeichen der Unfreiheit angesehen werden; aber was man als Überbleibsel einer angeblichen

---

[1] Kap. 30ff., M. G. SS. 4, 454f.
[2] St. G. U.-B. 4, 955, Anh. No. 5.
[3] 2. Aufl., bearb. von K. Zeumer (Berlin, 1893), S. 322ff.

ursprünglichen Unfreiheit gedeutet hat, Beschränkungen bei der Eheschließung und bei Verfügung über Grundeigentum, sind nichts als Folgen des Dienstverhältnisses. Knechte, die den Herrn in den Krieg begleiteten, um den Schild zu tragen und die Pferde zu füttern, gab es vor, während und nach der Karolingerzeit[1]. Durch Freilassung konnten einzelne Knechte eine Standeserhöhung erfahren; aber es ist nicht die ganze Klasse zur Ritterwürde emporgestiegen. Die Ritter sind nicht aus den Troßknechten hervorgegangen.

Eine so völlige Umkehrung aller Standesverhältnisse und Rechtsbegriffe, wie sie nach der Annahme von der Herkunft der Ministerialen aus den Unfreien eintrat, erscheint auch nur sehr schwer denkbar in Anbetracht der äußeren Umstände, unter denen sie vor sich gegangen sein müßte. Sollten gerade in den kriegerischen Zeiten des ausgehenden 9. und beginnenden 10. Jahrhunderts die heerbannpflichtigen Freien es verlernt haben, Waffen zu tragen, während dafür die Unfreien die Waffenübung erlangten, die ihnen bisher fehlte? Es ist auf das bewaffnete, aus Unfreien zusammengesetzte Gefolge großer Grundherrn hingewiesen worden, welches in Gallien schon zur Merowingerzeit sich vorfindet; aber gerade das spätere französische Lehnswesen, im Gegensatz zum deutschen, kannte die unfreien Ritter nicht. Mir scheinen dagegen folgende Erwägungen maßgebend: Ein Pfaffenfürst, wie der Abt von St. Gallen, brauchte Dienstmannen, um seiner Verpflichtung zum Reichsdienst auf Heerfahrten genüge leisten zu können. Er hätte gewiß recht unweise gehandelt, für diesen Zweck seine kriegsungeübten Knechte aufzubieten, was tatsächlich nur im Notfall geschah[2], denn er hatte freie Leute, die schon nach der karolingischen Verfassung unter seinem Banner ins Feld zogen. Die freien Hintersassen der Kirche sind im 9. Jahrhundert nicht von der Heerbannpflicht befreit gewesen, nur folgten sie nicht dem Grafen, sondern dem Grundherrn. Unter den freien Hintersassen mußten Leute genug vorhanden sein, aus denen der Abt die geharnischten Reiter auswählen konnte, die er etwa nach der Reichsmatrikel aus der Zeit Ottos II. nach Italien zu senden hatte[3]. Von den freien Hintersassen wiederum werden sich die kleinen Bauern viel weniger zum Roßdienst geeignet haben als die be-

---

[1] Vergl. die Erzählung des monachus Sangallensis l. 2, cap. 4 bei Jaffe, Bibl. rer. Germ. 4, 669.

[2] S. Ekkehard Kap. 126, S. 410.

[3] Vergl. Waitz, D. V.-G. 8, 134; Uhlirz, Jahrb. Ottos II. S. 247 ff.

güterteren Leute, die Tradenten an St. Gallen und deren Nachkommen, die durch Ausdehnung der Vogteigewalt über alle mit dem Kloster zusammenhängenden Leute, wie der Gerichtsbarkeit des Grafen, so auch seiner Heerfolge entzogen waren. Ich erblicke also in den St. Galler Ministerialen wesentlich die Nachkommen der besser bemittelten Tradenten aus der Karolingerzeit, deren Eigengut teilweise in Lehen verwandelt war, und die dann für ihren Dienst noch andere Benefizien hinzu empfingen, wohl unter Wegfall des ohnehin ganz geringfügigen Zinses. Nur so wird es auch erklärlich, daß später die Ministerialen durchgängig im Besitz von Eigengut neben dem Lehen waren. Daß sie über ihr Eigen nur mit Konsens des Dienstherrn verfügen konnten, hängt, wie bereits bemerkt, mit dem Dienstverhältnis zusammen. Als Vasallen von St. Gallen, im Gegensatz zu den Ministerialen, kann ich nur diejenigen großen Herren betrachten, welche Klostergut unter dem Namen des Lehens an sich gerissen hatten und dafür keine reale Gegenleistung entrichteten. Solche Vasallen waren nicht erst Rudolf von Habsburg und seine Söhne[1]. Hingabe von Klostergut zu Lehen an Vasallen und Entfremdung galten schon viel früher als gleichbedeutend[2].

Bei weitem nicht alle Nachkommen von Tradenten, die Wiederverleihung des tradierten Objekts gegen Zins zur Bedingung gestellt hatten, sind ritterliche Ministerialen geworden. Gar viele sind Bauern geblieben, Inhaber der erblichen Zinsgüter, welche in den Urbarialaufzeichnungen nicht selten vorkommen. Erbzinslehen und Hofgüter sind streng zu scheiden. Die Hofgüter waren mit Hintersassen besetzte Bestandteile der Villikation und in deren Verwaltung organisch eingegliedert, die Erbzinsgüter, aus Prekarien hervorgegangen, standen mit ihr nur in loser Verbindung, auch wenn Ablieferungsstätte des Zinses ein Fronhof war. Schon in dem Ausmaß tritt der Unterschied hervor. Hofgüter sind Hufen oder Schupposen, Erbzinslehen werden als Gut schlechthin bezeichnet. Diese Unterscheidung ist keine zufällige. Das Eigen freier Bauern war nicht in Hufen ausgeteilt gewesen. Meine Auffassung der Hufe als Bestandteil der grundherrlichen Wirtschaftsorganisation[3] hat in dem späteren Material vollauf Bestätigung ge-

[1] St. G. U.-B. No. 991, 1271; 1074, 1291; vergl. Christian Kuchimeister, Nüwe casus monasterii s. Galli Kap. 51; St. G. Mitt. 18, 204.

[2] Cont. casuum s. Galli Kap. 15, S. 24 f.; Kap. 37, S. 99.

[3] Vergl. oben S. 13 f. und den Aufsatz über „die Hufe“ in Deutsche Geschichtsblätter, hg. v. A. Tille, Bd. 4, H. 10, S. 257 ff.

funden. Die St. Galler Urbarialaufzeichnungen weisen besonders häufig Zinsgüter in der näheren Umgebung von St. Gallen und nach dem höheren Gebirge zu auf. Dort finden sich Fronhöfe mit sehr geringer Pertinenz an Hofgütern. So hatte Muolen nur den Kelnhof und 3 Hufen, dazu aber Lehen und Rodland[1], oder gar Herisau nur den Kelnhof und eine Hufe, dafür gehörten sehr viele Zinse in den Hof[2]. Zum Hof Appenzell scheinen überhaupt weder Hufen noch Schupposen gehört zu haben[3], und doch war dieser Hof wohl der einträglichste für das Kloster. Von den Erbzinslehen in der Umgebung von St. Gallen ist noch der Zinsbesitz in der Stadt selbst, innerhalb der 4 Kreuze, zu unterscheiden, der durch das Privileg des Abts Ulrich VII. 1272/73 als Zinseigen nach Konstanzer Vorbild qualifiziert wurde[4]. Zinseigen konnte vom Inhaber veräußert werden ohne vorherige Aufgabe an den Lehnsherrn, die beim Zinslehen erforderlich war. Ehrschatz (ius honorarium) wurde bei Handänderungen sowohl vom Zinslehen als vom Zinseigen entrichtet.

Neben den abgeleiteten Besitzrechten war das bäuerliche Eigentum im Vorland der Alpen durchaus nicht selten. Die Pertinenzen der grundherrlichen Höfe, Hufen und Schupposen ebenso wie die Erbzinslehen, befanden sich in Gemenglage mit Eigengütern der Bauern. Besonders deutlich ersichtlich ist das z. B. für die St. Galler Höfe Herisau und Gossau und die Eigengüter der Freien im oberen Thurgau, deren Lage eine Urkunde von 1398 nachweist[5].

Die Ausführungen sind weit abgekommen von ihrem Ausgangspunkt, dem Großmünsterstift. Die Zufälligkeiten in der Erhaltung des Quellenmaterials bringen es mit sich, daß ein Moment der Entwickelung an dieser und ein anderes an jener Stelle besser erkennbar wird. Einzelnes an einzelnes knüpfend hoffe ich dennoch einige Tatsachen festgestellt zu haben, die nicht bloß von lokaler Bedeutung sind.

---

[1] St. G. U.-B. 3, 786 f.
[2] Ibid. S. 753.
[3] Ibid. S. 746 f., 784.
[4] Ibid. No. 1000.
[5] Ibid. Bd. 4, No. 2166.

VII

Zur Verfassungs- und Wirtschaftsgeschichte des Klosters St. Gallen, vornehmlich vom 10. bis zum 13. Jahrhundert.

Die Eigenart mittelalterlicher Zustände bedingt es, daß in den Verhältnissen kleiner, eng begrenzter Gebiete sich die großen, allgemein bedeutsamen Bewegungen jeweils gleichsam unter anderem Brechungswinkel wiederspiegeln. Je reicher das Sonderleben der Landschaften im Fortschreiten der Jahrhunderte zur Entfaltung gelangte, um so mannigfaltiger ging ihre Entwickelung auseinander, ohne doch die gemeinsamen Züge ganz zu verleugnen. Das Kloster St. Gallen, dessen Anfänge bis in die Merowingerzeit hinaufreichen, erscheint in der karolingischen Epoche mit seinen Besitzungen als eine Großgrundherrschaft, gleich vielen anderen. Kloster und Klostergut haben sich zu einem geistlichen Fürstentum umgewandelt, das nur durch seine Eingliederung in den Verband der Schweizer Eidgenossenschaft sich von ähnlichen Gebilden unterschied, die beim heiligen römischen Reiche deutscher Nation verblieben. Eine Verfassungsgeschichte des Klosters St. Gallen und seiner Besitzungen würde neben den lokalhistorischen Momenten interessante Probleme aus der Entwicklung des Territorialstaats zugleich berücksichtigen müssen und wechselweis erläutern können; denn ein nicht zu unterschätzender Vorzug kommt St. Gallen vor anderen zu. Es besitzt eine reichhaltige, ununterbrochen fortlaufende historiographische Überlieferung, die häufig in Urkunden Ergänzung findet und durch vortreffliche Editionen mit allen wünschenswerten Erläuterungen bequem zugänglich ist, so daß, ich möchte sagen, allein schon das Material zu einer zusammenfassenden Behandlung einladet.

Eine vollständige Verfassungsgeschichte St. Gallens im Rahmen eines kurzen Vortrags selbst nur zu skizzieren, wäre ein vergebliches Unternehmen. Nur einzelne Abschnitte kann ich in Umrissen zeichnen, die an der Grenze von Verfassungs- und Wirtschaftsgeschichte befindlich, eben dadurch geeignet sind, auf die merkwürdige Umwandlung der Grundherrschaft in ein Fürstentum einiges Licht zu werfen; anderes wie z. B. die höchst interessante Geschichte der Abtwahlen muß ganz übergangen werden; auch beschränke ich mich im wesentlichen auf die mittleren Jahrhunderte. Nicht weiter als vom Anfang des 10. bis zum Ende des 13. will ich die Geschichte des Klosterguts, des St. Galler Finanzwesens und der Vogteiverhältnisse verfolgen.

Das St. Galler Klostergut des 9. Jahrhunderts, aus Traditionen hervorgegangen und weit zerstreut über die Gaue nördlich und südlich vom Bodensee, läßt sich in die unmittelbar nutzbaren Besitzungen scheiden und die mittelst precaria oblata an die Tradenten zurückverliehenen Güter, denen die mittelst precaria remuneratoria und auch precaria data weggegebenen gleich zu setzen sind[1]. Es umschloß also gewissermaßen den engeren Kreis der Fronhöfe und zugehörigen Hufen, aus denen aller Ertrag, nach Maßgabe der grundherrlichen Verfassung, dem Kloster zufiel, ein weiterer Kreis von Zins und Leiheland, dessen Nutzungen nur zum geringsten Teil dem Eigentümer, dem Kloster, zukamen. Dieser Unterschied, tief in der Entstehung des St. Galler Güterbesitzes begründet, ist auf Jahrhunderte hinaus für seine Entwicklung maßgebend geblieben. Äußerlich erscheint die Gütergeschichte St. Gallens lange Zeit hindurch als ein Schwanken im Verhältnis der unmittelbar nutzbaren Besitzungen zu den als Lehen ausgetahenen.

Nach dem Wortlaut der Traditionsurkunden sollte man meinen, daß im Laufe der Zeit die zweite Art des Klosterguts hätte in die erste aufgehen müssen. Der ausbedungene Heimfall der zu Prekarie zurückgegebenen Güter konnte kaum ausbleiben, selbst wenn er durch den Vorbehalt ihres Überganges auf die gesamte Nachkommenschaft des Tradenten in unbestimmte Ferne hinausgerückt war; nur die Rückkaufklausel beeinträchtigte erheblich die Sicherheit der Anwartschaft auf reichen Erwerb. Nun muß aber in dem gewissermaßen vorausbestimmten Wachstum des Klosterguts erster Ordnung gleich zu Anfang der neuen Epoche, unmittelbar nach dem Tode des Abtbischofs Salomon (919), eine erhebliche Störung eingetreten sein. Aus der zeitlich den Vorgängen noch nicht ganz fernstehenden vita s. Wiboradae[2] ist zu entnehmen, daß der

[1] Vergl. oben S. 9 u. 65 f.

[2] Kap. 25, M. G. SS. 4, 453.

erste Alamannenherzog Burchard St. Galler Besitzungen zu Lehen für seine Anhänger verwandte. Er raubte die von den Gläubigen übertragenen Güter und gab sie seinen Helfern zu benefizium. Die Mönche mußten Hunger leiden; es ist nicht klar, ob infolge einer besonderen Maßregel des Herzogs, oder — wahrscheinlicher — wegen Verminderung der Einkünfte. Nicht ganz im Einklang zu den Angaben der vita steht der Bericht bei Ekkehard[1]. Darnach hat der Herzog zuerst vom Abt Engilbert die Verleihung (von Benefizien) für seine milites verlangt; dann aber unter dem Vorwande, der Abt halte es mit dem Sachsenkönig (Heinrich I.), habe er zugelassen, daß die Seinigen von den Gütern St. Gallens nahmen, was ihnen gefiel. Der wesentliche Unterschied zwischen den beiden Berichten liegt darin, daß nach der vita der Herzog Lehnsherr über die aus Klostergut genommenen Benefizien wurde; nach Ekkehard hätte der Abt die Beleihung vollzogen, und außerdem sind ordnungslose Usurpationen vorgekommen. Auf eine Kritik Ekkehards will ich nicht näher eingehen[2]. Nicht seine, sondern die Auffassungsweise der vita findet Bestätigung durch die freilich auch späten miracula s. Verenae[3], die wissen wollen, daß Burchard seinen milites nicht nur von seinem Eigengut, sondern auch aus Kirchengut Benefizien gab. Er hätte also ein Verfahren eingeschlagen, das der frühkarolingischen divisio des Kirchenguts entsprach[4]. Darin scheint mir auch ein für die Entstehung des Herzogtums bedeutsames Moment zu liegen.

Infolge der Gewaltmaßregeln Burchards wird St. Gallen gar manche Güter für immer eingebüßt haben, so wie das Fraumünsterstift Zürich[5]. Die Angabe Ekkehards, daß sie sofort wieder durch Hingabe von Kostbarkeiten aus der Schatzkammer eingelöst wurden, ist zweifelhaften Werts. Eine Minderung in der Ertragsfähigkeit der Güter mochten sodann die Verwüstungen beim Ungarneinfall herbeiführen. Immerhin sah sich St. Gallen durch die Not der Zeit weit weniger schwer betroffen, als etwa die bayrischen Klöster, von denen manche ganz zugrunde gingen. Aus den Tagen des Abts Purchart I. (958—71)[6] weiß Ekkehard[7]

---

[1] Kap. 50, St. Galler Mitt. Bd. 15 u. 16, S. 188 ff.

[2] Vergl. besonders St. G. M., l. c. S. 189, n. 652.

[3] Kap. 1, M. G. SS. 4, 457.

[4] Vergl. Waitz, Deutsche Verfassungsgesch. 4², 190 ff.

[5] Vergl. oben S. 69 ff.

[6] Für die Amtsdauer der Äbte s. das Verzeichnis von Meyer v. Knonau in St. Galler Mitteil. 18, 363 ff.

[7] Kap. 120, S. 392 ff.

von Klagen zu berichten, daß die Mönche Mangel litten. Das war vielleicht nur ein Vorwand, um von den Königen und der Herzogin Hadewig eine Schenkung im weinreichen Breisgau zu erlangen. Später wurde dem Mangel durch Kauf und Eintausch von Weinbergen gründlich abgeholfen; die lieferten solchen Ertrag, daß in den Kellern nicht Platz genug war für die vielen Weinfässer[1]. Die Vermehrung des Klosterguts durch Traditionen, so weit darüber die erhaltenen Urkunden[2] Auskunft geben, erscheint während des 10. Jahrhunderts geringfügig und beschränkte sich wesentlich auf Zinsgüter.

Dem Zuwachs an unmittelbar nutzbaren Besitzungen stand fortdauernd ein Abgang gegenüber. Grade in den letzten Jahren Ottos I. sah Abt Notker durch den Wunsch des Kaisers sich genötigt, Benefizien an Männer zu verleihen, denen er sie nicht geben wollte[3]; aber „reich an Gut“, wie er genannt wird, teilte er auch freiwillig Lehen aus, darauf deutet wohl seine Bezeichnung als homo largissimus hin. Im großen Maßstabe soll im letzten Dezennium des 10. Jahrhunderts Abt Kerhart das Klostergut durch Benefizialverleihungen gemindert haben; auch simonistischer Verkauf von Pfründen und Vergeudung der Kirchenschätze wird ihm vorgeworfen[4]. Beim König, Otto (III), darob angeklagt, entging er der Ahndung, indem er einen am Hofe sehr einflußreichen Grafen Muozo durch Versprechung von Geschenken und Benefizien bestach. Zur Erfüllung seiner Zusagen gab der Abt die Besitzungen der von St. Gallen abhängigen Propstei Adorf und auch Klostergut an Muozo zu Lehen, der das Empfangene an einige nobiles weiter vergabte unter der Bedingung, daß nach seinem erblosen Ableben sie die Lehen unmittelbar vom Abt nehmen sollten. Das Obereigentumsrecht des Klosters wurde also nicht in Frage gestellt. Die Verleihung entzog ihm nur die Nutznießung der Güter, der Abt blieb Lehnsherr über die entfremdeten Besitzungen. Darin liegt der Unterschied von den früheren Säkularisationen. Inwieweit übrigens hier der Bericht der continuatio casuum s. Galli den tatsächlichen Vorgängen entspricht, kann fraglich sein. Der Graf Muozo ist sonst nicht nachweisbar[5]. Immerhin darf die Entfremdung von

---

[1] Ekkehard Kap. 134, S. 427f.

[2] Wartmann, St. G. U.-B. 3.

[3] Ekkehard Kap. 136, S. 434.

[4] Cont. casuum s. Galli Kap. 6ff., St. Galler Mitt. 17, 16ff.; vergl. dazu auch Erben im Neuen Archiv Bd. 20, S. 365ff.

[5] St. G. M. 17, 22, n. 66.

Klostergut durch Hingabe zu Lehen bei der Verwirrung, die unter Otto III. im Reiche einriß, nicht als unwahrscheinlich gelten.

Bereits der Nachfolger Notkers, Abt Purchart II., soll viele der entfremdeten Güter wieder beigebracht haben[1], und es muß im 11. Jahrhundert die äußere Lage St. Gallens eine günstige gewesen sein. Verschleuderung von Klostergut dürften der als tüchtig gerühmte Abt Thietpald[2] und der Reformabt Nortpert[3] sich kaum haben zuschulden kommen lassen. Der tiefe Frieden im Lande wurde durch Ereignisse wie den Aufstand Herzog Ernsts von Schwaben nur vorübergehend gestört. Der Schaden, den damals das königstreue Kloster erlitt[4], ließ sich gewiß unschwer ersetzen. Epochemachend griffen in die Gütergeschichte St. Gallens erst wieder die Kämpfe Heinrichs IV. gegen das Papsttum ein.

In die Wirren des Investiturstreits wurde das Kloster durch den kaisertreuen Abt Ulrich III., den Eppensteiner[5], tief hineingezogen; seine Besitzungen hatten unter den Kriegsstürmen schwer zu leiden[6]. Die weiter abgelegenen sahen sich völlig den Feinden preisgegeben. Gleich anfangs verheerte Berthold von Zähringen die St. Galler Güter im Breisgau. Viele Jahre lang erhielt das Kloster von dorther weder Wein, noch Getreide, noch Zinse; allerdings nicht deswegen, weil alles verwüstet war, sondern weil der Zähringer die Erträge für sich selbst in Anspruch nahm[7]. Das Gleiche tat Herzog Welf bei dem in seinem Machtbereich nördlich vom Bodensee befindlichen Klostergut, und andere Herren folgten dem Beispiel, so daß die Mönche in Ermangelung der für ihren Unterhalt bestimmten Einkünfte von Hunger und Durst gequält wurden und vieles von den Kirchenschätzen veräußerten[8]. Die Besitzungen St. Gallens auf Schweizer Boden erfuhren 1085 eine schreckliche Heimsuchung, trotz der von Abt Ulrich zu ihrem

---

[1] Cont. Kap. 17, S. 27.

[2] Ibid. Kap. 19, S. 36.

[3] Ibid. Kap. 20, S. 37 ff.; vergl. H. Breßlau, Jahrb. des deutschen Reichs unter Konrad II. 2, 414 f.

[4] Wipo, Gesta Chuonradi imp. Kap. 19.

[5] Über ihn vergl. P. Bütler, in Jahrb. f. Schweiz. Gesch. Bd. 22 (1897), S. 251 ff.

[6] S. Cont. Kap. 21 ff., S. 42 ff. und den gleichfalls auf verlorene St. Galler Annalen zurückgehenden Bericht in der Chronik des Gallus Öhem, ed. von K. Brandi in Quellen u. Forschungen zur Gesch. der Abtei Reichenau Bd. 2, s. S. 96 ff.; vergl. auch den Exkurs St. G. M. 17, 120 ff.

[7] Cont. Kap. 23, S. 54 ff.

[8] Ibid. S. 56 f.

Schutz angelegten Burgen. Bis in die Appenzeller Berge drangen die Feinde vor; die Sennhütten mitsamt dem Vieh gingen in Flammen auf[1]. In großem Maßstabe wiederholten sich die Verheerungen 1092[2], und wenn dann auch friedlichere Zeiten eintraten, so sind doch die Nachwirkungen der Kriegsnöte schwerlich schnell überwunden worden. Auf den niedergebrannten, der Betriebsmittel beraubten Fronhöfen konnte die alte Bewirtschaftungsweise kaum fortgeführt werden. Es ist eine gewiß zulässige Vermutung, daß die Verwüstungen des Bürgerkrieges zu den später hervortretenden Veränderungen in der Hofverfassung beigetragen haben.

Noch war der Investiturstreit nicht ganz beendet, als das Kloster infolge der Doppelwahl nach dem Tode des Abtpatriarchen Ulrich (1121) schwere Einbuße erlitt, indem die Gegenäbte, Heinrich von Twiel und Manegold von Mammern, jeder seine Helfer mit Lehen belohnte. Nach Herstellung des Friedens blieben die beiderseits gemachten Vergabungen in Gültigkeit[3]. Außer diesen Entfremdungen, wie die Belehnungen hier geradezu bezeichnet werden, vollzog sich noch eine andere Art von Schädigung des Klosterguts[4]. Die Getreuen des Gotteshauses teilten dessen Besitzungen unter sich. Die Ministerialen wählten die besten Hufen der Höfe aus, die cellerarii nahmen die „iura villicationis" als wie Lehen in Anspruch, und gegen die Gewohnheit begannen einige von ihnen nach Sitte der Edlen ein Schwert am Gürtel zu tragen. Diese Stelle der Continuatio steht in nächster Beziehung zu einem Bericht Ekkehards[5] für die Zeit des Abts Hartmann und ist nur im Hinblick auf ihn zu erklären.

Nach Ekkehard hielt Abt Hartmann (922—925) sehr eifrig auf Beobachtung der Regel. Um weltliche Dinge kümmerte er sich weniger, von den bäuerlichen Hintersassen und den Gutsverwaltern zog er die schuldigen Leistungen nachlässig ein. Dem Beispiel des Abts folgten die präpositi, die außerhalb des Klosters ihren Sitz hatten; so begannen die maiores locorum, von denen geschrieben steht „servi, si non timent, tument", glänzende Schilde und Waffen zu tragen; sie stießen ins Jagdhorn, statt wie die anderen Bauern ins Alphorn. Die cellerarii, so sprachen sie, mögen die Höfe und Äcker besorgen, wir wollen unsere Benefizien pflegen und uns der

---

[1] Ibid. Kap. 29, S. 70ff.
[2] Ibid. Kap. 33, S. 85ff.
[3] Ibid. Kap. 37, S. 99.
[4] Ibid. S. 99ff.
[5] Kap. 48, S. 176ff.; vergl. oben S. 94f.

Jagd widmen, wie es Männern geziemt. Die Zuverlässigkeit dieser Erzählung Ekkehards unterliegt manchem Bedenken. Kurz wie die Regierung des Abts Hartmann war, bot sie kaum genügend Zeit für tiefgreifende Umwälzungen. Ferner läßt Ekkehard den Einfluß außer acht, den die Säkularisationen damals auf die Verwaltung des Klosterguts geübt haben müssen. Es wäre auch möglich, daß er mit dem versteckten Tadel des mönchischen Eifers Hartmanns eine Anspielung auf seinen eigenen Abt Norpert beabsichtigte, doch sagt er noch an einer anderen Stelle[1], daß Hartmann sich nicht viel darum gekümmert habe, was außerhalb des Klosters vorging. Es genügte ihm, was die suppares liefern wollten, und der folgende Abt Engilbert soll den Übelständen nicht haben abhelfen können; als er auf bessere Pflege der Höfe drang, gehorchten ihm die Meier wenig[2]. Welche Einwendungen auch immer gegen die Zuverlässigkeit Ekkehards sich erheben lassen, irgend eine Kunde von einer Veränderung der Stellung der Meier in der Hofverwaltung muß ihm zugekommen sein. Er kennt die alte, zu seiner Zeit kaum noch vorhandene Stellung der praepositi. Tatsächlich verhielten sich die Dinge wohl folgendermaßen:

Im 9. Jahrhundert beruhte die Verwaltungsorganisation des Klosterguts von St. Gallen, ähnlich wie die des Königsguts, auf einer Dreiteilung der Amtsstellen. Zwischen der Zentralstelle im Kloster selbst und den Meiern, den Verwaltern der einzelnen Höfe, standen die praepositi, die Außenpröpste, als Vorsteher lokaler Verwaltungsbezirke, deren jeder eine Anzahl von Höfen umfaßte[3]. Die praepositi waren also unmittelbare Vorgesetzte der Meier. Diese hatten nicht direkt mit der Zentralstelle, sondern nur mit der Mittelstufe zu tun. Die Funktionen der praepositi müssen sich von denen des iudex, des ihnen gleichstehenden mittleren Wirtschaftsbeamten auf Königsgut, unterschieden haben, indem der praepositus ein Mönch war und folglich die jurisdiktionellen Befugnisse, die nach der Landgüterordnung Karls des Großen dem iudex zufielen, nicht ausüben konnte[4]. In allem, was mit dem Gerichtswesen zusammenhing, vertrat den praepositus der advocatus; vielleicht daß die Zahl der Pröpste und der Vögte einander entsprach, so daß auf jeden Propsteibezirk ein eigener Vogt entfiel. Die Institution der Propsteien muß nun also Ekkehard gekannt haben.

---

[1] Kap. 47, S. 168.

[2] Ekkehard Kap. 49, S. 180.

[3] Vergl. dazu St. G. M. 13 in Exkurs 1, S. 75ff.

[4] Vergl. oben S. 94.

Ganz zutreffend schließt er: Wenn die Außenpröpste unter Vernachlässigung ihrer wirtschaftlichen Verrichtungen sich asketischen Übungen hingaben, konnten ihre Untergebenen, die Meier, freier schalten. Ob aber zu Ekkehards Zeit die Propsteien noch in alter Weise fortbestanden, darf fraglich sein. Später, im 13. Jahrhundert, sind nur noch zwei nachweisbar, eine im Aargau (Burgund) und eine im Breisgau[1]. Letztere wird auch von Ekkehard gelegentlich erwähnt[2]. Der genaue Zeitpunkt, wann die anderen Propsteien eingegangen sind, läßt sich nicht ermitteln; eher noch ist die Ursache einzusehen. Die Präpositi, die ihre Aufgabe nicht mehr erfüllten, wurden überflüssig. Das kann schon früh im 10. Jahrhundert geschehen sein, vielleicht im Zusammenhang mit den Entfremdungen von Klostergut durch Herzog Burchard, die ohnehin bei der Schmälerung des Besitzstandes dessen Verwaltung vereinfachen mochten, und im Zusammenhang mit der darauf folgenden Ersetzung der Mehrzahl von Vögten durch einen einzigen[3].

Die unmittelbare Unterordnung der Meier unter die Zentralstelle mußte notwendig eine Veränderung in ihrer Position herbeiführen. Zwei Momente sind es, die Ekkehard hervorhebt, ein soziales und ein rein wirtschaftliches. Auf das erstere Moment und die damit zusammenhängende Frage nach dem ursprünglichen Standesverhältnis der Ministerialen möchte ich nicht nochmals zurückkommen. Was die wirtschaftliche Seite der Umwandlung betrifft, so behält der Meier die Einkünfte des Amts, die zur Besoldung dienenden Amtslehen, entledigt sich aber der ihm obliegenden Lasten. Die Bewirtschaftung des Hofes und den Anbau des Sallands überläßt er dem Kelner, dem für diese Zwecke offenbar auch die Verfügung über die Frondienste übertragen wurde, die von den unfreien Hufnern und anderen Hintersassen zu leisten waren. Salhof, Salland und zugewiesene Frondienste sind jedenfalls unter den iura villicationis zu verstehen, die nach dem Bericht in der Continuatio im 12. Jahrhundert die Kelner gleich wie Lehen inne halten wollten. Einziehung und Ablieferung der Zinse und Wahrnehmung der Hofgerichtsbarkeit können nicht gemeint sein, weil beides Sache des Meiers war. Der Kelner hatte nur mit dem Hofe zu tun, den er nicht auf eigene Rechnung bewirtschaftete, sondern als Verwalter unter Ablieferung aller überschüssigen Erträge. In

[1] Wartmann, U.-B. der Abtei St. Gallen Bd. 3, No. 980, 1269; No. 913, 1250 etc.

[2] Kap. 127, S. 412.

[3] Vergl. oben S. 54.

anderer Weise konnte die geistliche Grundherrschaft den Eigenbau des Sallands nicht betreiben lassen. Später wirtschaftete dagegen der Kelner selbständig auf Hof und Salland, indem er gleich anderen Hintersassen einen Zins oder eine Quote des Ertrages entrichtete.

Mit dem Übergang von der älteren zur jüngeren Form der Sallandwirtschaft, der sich für St. Galler Höfe nicht im einzelnen verfolgen läßt (und wohl noch durch die Zwischenstufe der Servitienablieferung gegangen ist); steht nun offenbar die von der Continuatio berichtete Anmaßung der Kelner im Zusammenhang. Sobald der Kelner nicht mehr rechenschaftspflichtiger Verwalter war, verlor sich gar leicht das Bewußtsein vom Amtscharakter seiner Stellung. Die von der Continuatio beklagte Schädigung des Klosters lag einmal in der Entziehung der Verfügungsfreiheit über das Amt. Der erbliche Lehnsmann konnte nicht entsetzt werden wie der rechenschaftspflichtige Verwalter. Wichtiger aber noch erscheint mir ein anderes Moment. Die Zinse der Hintersassen waren verhältnismäßig gering; auch die Naturalabgaben der am schwersten belasteten, der Inhaber von mansi serviles, konnten für den Grundherrn kaum so viel Wert haben, als der von ihnen je drei Tage in der Woche zu leistende Frondienst. Nahm nun der Kelner mit den iura villicationis die Fronden für sich und sein Lehen in Anspruch, so war der Grundherrschaft eines ihrer besten Rechte entzogen, für das die Leistungen des Kelners kaum ausreichenden Ersatz bieten konnten. In den Urbarialaufzeichnungen, vom Anfang des 13. Jahrhunderts sind die Fronden fast durchweg verschwunden, während erheblich gesteigerte Naturalabgaben und Geldzinse schließen lassen, daß ein Ersatz für sie eingetreten ist; die Fronden sind abgelöst worden. Offenbar waren die Kelner mit ihren Ansprüchen nicht durchgedrungen, wie überhaupt ihre spätere Stellung nicht derjenigen entspricht, die sie hätten einnehmen müssen, wenn ihnen gelungen wäre, was sie nach dem Bericht der Continuatio anstrebten. Nachdem etwa bis zur Mitte des 12. Jahrhunderts die alten Formen der Grundherrschaft sich fortschreitend zersetzt hatten, trat offenbar ein Wendepunkt in der Entwicklung ein.

Dem Grundherrn waren die wichtigsten Rechte und ein unverhältnismäßig großer Teil des Ertrages aus der Grundherrschaft entzogen. Der alte Gegensatz von unmittelbar nutzbarem Klostergut und Leiheland hatte sich mannigfach differenziert. Die Lehen von Vasallen brachten dem Lehnsherrn keinen Ertrag, sie waren schlechthin entfremdet. Für die an Ministerialen verliehenen Benefizien konnten deren Dienste am Hof des Abts und im Kriege als Ersatz gelten, nicht minder die Verrichtung der Funktionen des Meieramts, soweit die Ministerialen Meier waren. Als sie freilich, wie die Continuatio berichtet, die besten Hufen der Höfe an sich zogen, lag auch darin eine Entfremdung von Klostergut. Die bäuerlichen Zinslehen dagegen konnten jetzt eher den unmittelbar nutzbaren Besitzungen zugerechnet werden, zumal, wenn sie den Fronhöfen behufs Entrichtung der Zinse angegliedert waren. Daß sie dem Kloster viel Ertrag brachten, möchte ich nicht für wahrscheinlich halten, außer etwa, wenn es sich um eine precaria data handelte, bei denen höhere Zinse als bei den alten oblate gefordert werden konnten. Von den Einkünften des Klosters aus den Fronhöfen fiel ein Teil als Ausstattung des Meiers weg, die Hufenzinse waren vor Ablösung der Fronden nicht sehr beträchtlich, mit der Ablieferung an die Zentralstelle werden die ritterlichen Meier es nicht immer genau genommen haben, und als nun auch die Kelner sich der strengen Unterordnung zu entziehen begannen, büßte die grundherrliche Verwaltung ihre Organe vollends ein. Wenn schon in der Karolingerzeit der Reinertrag der Grundherrschaft im Verhältnis zu ihrer Größe nicht sehr bedeutend gewesen sein kann, so muß er in den ersten Dezennien des 12. Jahrhunderts noch stark gesunken sein. Eigentumsrecht am Boden und Recht auf den Ertrag des Bodens gingen sehr weit auseinander. Es zogen Nutznießung von Klostergut Vasallen, Ministerialen und bäuerliche Hintersassen verschiedenen Standes und Rechts. Verhältnismäßig am wenigsten kam dem Kloster zu.

In noch ungünstigerer Lage befand sich aber der geistliche Grundherr bei der Ausübung der obrigkeitlichen Rechte über seine Hintersassen. Das Rechtsinstitut der Immunität verknüpfte seit alters die persönlichen Rechte des Herrn über abhängige Leute mit dem Eigentum am Boden. Es ist neuerdings von Seeliger[1] die bisher allgemein geltende Annahme, daß die Immunität in karolingischer Zeit nur niedere Gerichtsbarkeit in sich schloß und später erst auf die hohe, den Blutbann, sich ausdehnte, in Abrede gestellt worden. Seeliger sucht vielmehr die Entwicklung so zu konstruieren, daß zur Immunität schon in karolingischer Zeit

---

[1] Die soziale und politische Bedeutung der Grundherrschaft im früheren Mittelalter, Abhandl. der phil.-hist. Klasse der königl. sächs. Gesellsch. der Wissensch. Bd. 22. Leipzig 1903.

Blutgerichtsbarkeit über Unfreie gehörte, und die spätere Ausdehnung sich wesentlich auf die Kompetenz erstreckte, Klagen Auswärtiger gegen Immunitätsinsassen zu entscheiden. Wie dem auch sein möge. Die Immunitätsgerichtsbarkeit übte in der Grundherrschaft des Klosters St. Gallen nicht der Abt, sondern der Vogt, und der Vogt war Vertreter der öffentlichen Gewalt auf dem vom Eintritt der ordentlichen Beamten gefreiten Boden der Grundherrschaft. Im 12. Jahrhundert hat der Abt das Recht in Anspruch genommen, den Vogt zu setzen; da aber die Vogtei erbliches Lehen geworden war, konnte diese Befugnis, die übrigens dem karolingischen Recht nicht entspricht, nur ausnahmsweise geübt werden. Von Streitigkeiten zwischen Abt und Vogt, wie sie in anderen geistlichen Grundherrschaften seit dem 10. Jahrhundert überaus häufig sich finden, wird aus St. Gallen nichts berichtet. Es mag trotz des Schweigens der Quellen daran nicht gefehlt haben. Gewiß ist es kein Zufall, daß im Investiturstreit der Vogt Lutold auf seiten der Gegner des Abts Ulrich stand[1].

Nach den späteren Zeugnissen hat der Vogt nur die höhere Gerichtsbarkeit geübt. Er richtete über „dieb und frevel", der Meier übte „zwing und bann". Diese Verteilung der Kompetenzen ist sicher alt, aber nicht ursprünglich; sie paßt schlecht zu der Stellung des Meiers in karolingischer Zeit nach dem capitulare de villis. Vielleicht ist sie erst im 10. Jahrhundert beim Wegfall der Außenpröpste und Bezirksvögte eingeführt worden. Dem Abt blieb im Rahmen dieser Verfassung wenig Raum übrig zur Ausübung eigener Gerichtsbarkeit. Seine Stellung als geistlicher Grundherr war also eine sehr ungünstige, äußerlich glänzend und innerlich hohl. Reichsunmittelbar, vom Kaiser investiert, Dienstherr zahlreicher Ministerialen, sah er sich auf die zusammengeschmolzenen grundherrlichen Einkünfte angewiesen, über die er nicht einmal frei verfügen konnte, weil ihm überall erbliche Berechtigungen entgegenstanden. So war den Äbten des 12. Jahrhunderts die Aufgabe gewiesen, einen Weg zu suchen, um das Klostergut wieder nutzbar zu machen. Wie sie die Aufgabe erfüllten, dafür liegen in den spärlichen Quellenzeugnissen nur Andeutungen vor.

Abt Manegold, der aus dem Wahlstreit von 1121 siegreich hervorging, wird wegen seiner Fürsorge in weltlichen Dingen gerühmt. Er suchte beizubringen, was verschleudert war, und würde alles wiedergewonnen haben, wenn ihn nicht ein frühzeitiger Tod

---

[1] Cont. Kap. 22, S. 50f.

daran gehindert hätte[1]. Sein Nachfolger, Werinher (1133—67), muß viel in Streit mit den Ministerialen gelegen haben, deren Anmaßung er stets entgegenzutreten sich bemühte. Von ihnen gehindert, unterließ er vieles, was dem Kloster hätte Nutzen bringen können[2]. Ich glaube nicht fehl zu gehen mit der Vermutung, daß die Differenzen durch Versuche zur Umbildung der Hofverfassung, vor allem zur Ersetzung der Fronden durch Naturalabgaben, veranlaßt wurden. Den sichersten Weg zur Beseitigung des Widerstandes schlug Abt Ulrich IV. (1167—99) ein, indem er vakante Meierämter nicht wieder vergabte und andere durch Auskauf der (belehnten) Inhaber für das Kloster zurückerwarb[3]. War der Meier aus der Villikation entfernt, so konnte der Grundherr um so leichter die seinem Vorteil entsprechenden Neuerungen durchführen. An Stelle des Meiers trat der gesetzte minister oder Ammann, der als Beamter des Grundherrn die Obliegenheiten des Amts erfüllte, während die Einkünfte dem Grundherrn zufielen.

Eine Rückkehr zu älteren Zuständen lag keineswegs in der Wiederherstellung der Amtsverfassung, die übrigens, wie ich kaum zu bemerken brauche, weder durchgängig noch einheitlich sich vollzog.

Der herrschaftliche Eigenbau wurde nicht wieder aufgenommen. Mit Salhof und Salland hatte der Ammann so wenig wie der Meier zu tun, sondern nur der Kelner. Die Einnahmen des Grundherrn aus der Villikation beschränkten sich nunmehr fast ganz auf die seit Ablösung der Fronden erhöhten Zinse und Abgaben der Hintersassen. Diesen Zustand läßt das allgemeine Verzeichnis der Einkünfte des Klosters St. Gallen erkennen[4], dessen Anlage ich dem Abt Ulrich IV. zuschreiben möchte, wennschon es ältere Stücke und jüngere Zusätze enthält. Nach dem Einkünfteverzeichnis war nur erst der geringste Teil der Abgaben in Geld umgesetzt. Das meiste wurde in Naturalien, Getreide, Vieh, Käse etc. entrichtet.

Immerhin waren am Ende des 12. Jahrhunderts die Zeiten der reinen Naturalwirtschaft vorüber. Früher wurde der Unterhalt von Abt und Mönchen direkt aus den eingehenden Naturalien

[1] Ibid. Kap. 37, S. 100f.

[2] Ibid. Kap. 39, S. 106ff.

[3] Ibid. Kap. 41, S. 111. Urkundliche Belege für den Rückerwerb des Meieramts sind jünger, No. 836, 1207 für das „villicationis officium in Tiuffenbach" (Tübach); No. 841, 1211 das (schon lange vakante) „villicationis officium in curia Rorscach".

[4] Wartmann Bd. 3, S. 746ff., Anh. No. 59.

bestritten, die Lasten von Hof- und Heerfahrt der Äbte waren auf die Dienstmannen abgewälzt, die dafür ihre Benefizien hatten. Ein Barvermögen besaß das Kloster so wenig wie Schulden. Der Schatz von St. Gallen bestand in Kleinodien aus Edelmetall und Edelsteinen, die, für den kirchlichen Gebrauch bestimmt, im Notfall auch zu weltlichen Zwecken Verwendung finden, also eingeschmolzen werden konnten, während wohl in friedlichen Zeiten die Äbte auf Ergänzung Bedacht nahmen[1]. Dagegen muß nun schon im 12. Jahrhundert ein stärkeres Bedürfnis nach Bargeld an den Abt herangetreten sein, zu dessen Befriedigung neue Wege eingeschlagen wurden. Im 13. Jahrhundert verschmilzt die Gütergeschichte des Klosters mit der Geschichte seiner Finanzverwaltung, über die wir, dank den Chronisten, nicht ganz schlecht unterrichtet sind.

Der erste, dem die Belastung St. Gallens mit Schulden nachgesagt wird, ist Abt Werner. Ihn nötigten die Anforderungen des Königsdienstes, Beteiligung an den Römerzügen Friedrichs I. oder Loskauf von der Verpflichtung zur Beteiligung, zur Aufnahme von Darlehen, die er bis zu seinem Ableben nicht hätte zurückzahlen können, wenn nicht günstige Zufälle eingetreten wären: der Tod des Vogts von St. Gallen, des Grafen Udalrich von Gammertingen, und seines noch jungen Sohnes und Erben. Die somit neu zu besetzende Vogtei verlieh der Abt an Graf Rudolf von Pfullendorf gegen Zahlung von 300 Mark Silber[2]. Diese Summe genügte offenbar zur Tilgung der als außerordentlich drückend bezeichneten Schuldenlast. Um eigentliche Überschuldung kann es sich also nicht gehandelt haben. Die Passiva des Klosters kamen nicht im entferntesten den Aktiva nahe. Der Wert des Klosterguts, der zugehörigen Rechte und des Kirchenschatzes konnte damals wohl überhaupt kaum in Geld veranschlagt werden. Die Schulden waren drückend, weil die Einkünfte nur langsam und zum geringsten Teil in bar eingingen, während inzwischen jedenfalls die Zinsen anwuchsen. Das Aufnehmen von Darlehen ist also als eine Antizipation von Einkünften aufzufassen, die sich unangenehm bemerkbar machte, wenn die Deckung nicht richtig im voraus berechnet war.

Abt Ulrich IV. muß es besser als sein Vorgänger verstanden haben, den Anforderungen der neuen Zeit gerecht zu werden. Er regelte, wie es scheint, das Verhältnis der Einnahmen zu den

---

[1] S. Cont. Kap. 17, S. 27f.

[2] Ibid. Kap. 38f., S. 103f.; vergl. die Urk. Wartmann Bd. 3, Anh. No. 17, 1166.

Ausgaben so, daß ihm stets ein Überschuß blieb. Daher konnte er Meierämter zurückkaufen, Almosen spenden, Witwen und Waisen unterstützen, kostbare Geräte an benachbarte Klöster schenken und doch einen Schatz aufhäufen, den er bei seiner Abdankung größtenteils einigen Mönchen zur Aufbewahrung anvertraute[1]. Auf den sparsamen Abt folgte ein Verschwender. Ulrich V. war kaum ein Jahr im Amt und brachte es doch fertig, drei einträgliche Höfe, einen goldenen Kelch nebst anderen Besitztümern zu verpfänden und überdies noch eine ungedeckte Schuld von 70 Pfund aufzunehmen. In dieser Schuld und in den Pfandsummen (190 Mark und 100 Pfund) darf man das Defizit des Jahres, den Überschuß der Ausgaben über die Einnahmen erblicken[2].

Der nächste Abt, Heinrich von Klingen (1200—1204), wirtschaftete wieder besser[3]. Er zahlte die Schulden und löste die Pfänder ein, wobei ihm freilich die Gelder seines noch lebenden Verwandten und Vorgängers, Ulrich IV., zugute kamen. Der Schatz des alten Abts ermöglichte es ihm auch, seine Stellungnahme im Thronstreit zwischen dem Staufer Philipp und dem Welfen Otto durch tatkräftige Unterstützung des ersteren zu manifestieren. Im letzten Kapitel der Continuatio[4] sind die Summen aufgezählt, die er ohne Beschwerde für sein Kloster in Heer- und Hofdienst verausgabte. Es sind zusammen 840 Mark binnen vier Jahren, dazu 200 Mark für Einlösung der verpfändeten Höfe, und doch blieb bei seinem Ableben noch Geld übrig.

Wie hoch die jährlichen Einnahmen von Abt und Kloster, in Geld umgerechnet, sich beliefen, dafür haben wir nur aus etwas späterer Zeit Angaben. Offenbar mußte die Finanztechnik erst weiter vorgeschritten sein, um eine Umrechnung überhaupt möglich zu machen, wie sie Abt Berchtold von Falkenstein dicht vor seinem Tode (1272) veranstalten ließ. Damals fand sich, daß die dem Gotteshaus zuständigen Zinse 1400 Mark Silber im Jahre betrugen, und wenig war verpfändet[5]. Bei der 1275 wegen Erhebung des päpstlichen Kreuzzugszehnten in der Diözese Konstanz veranstalteten Schätzung gab der Abt an, daß er 90 Mark Silber als Zehnten zu

---

[1] Cont. Kap. 40 f., S. 109 ff.

[2] Cont. Kap. 42, S. 114 f.

[3] Cont. Kap. 43, S. 115 ff.

[4] Ibid.

[5] Christian Kuchimeister, Nüwe casus monasterii s. Galli; ediert von G. Meyer v. Knonau; St. Galler Mitt. Bd. 18, Kap. 33, S. 108.

entrichten habe[1]. Er veranschlagte also sein persönliches Einkommen auf 900 Mark Silber im Jahr. Die Zahl ist nicht ganz einwandfrei, weil damals zwei Gegenäbte von St. Gallen einander gegenüberstanden und der liber decimationis nicht angibt, um welchen es sich handelt, wie denn auch die 90 Mark Zehnten nicht gezahlt worden sind. Überdies würden die 900 Mark nur das persönliche Einkommen des Abts darstellen; es hatten noch der Propst 50 Mark und einzelne Mönche und abhängige Kirchen mehr oder weniger beträchtliche Einkünfte aus Klostergut. Die Zahlangabe Kuchimeisters, 1400 Mark jährlich, braucht also nicht zu hoch gegriffen zu sein. Der Abt von St. Gallen war der reichste Prälat in der Diözese Konstanz. Weit hinter sich ließ er den Abt des zurückgegangenen Klosters Reichenau mit 200 Mark Einkünften, den Abt von St. Blasien mit 440 Mark, den Abt von Einsiedeln mit 761 Pfund Pfennigen, die Äbtissin des Fraumünsterstifts Zürich mit 462 Pfund etc.[2].

Ich habe die späteren Angaben über den Gesamtbetrag der St. Galler Einkünfte vorweggenommen. Daß im Verlauf des 13. Jahrhunderts bis zum Ende der Regierung Berchtolds eine, vielleicht sogar beträchtliche Steigerung eingetreten ist, läßt sich nicht bezweifeln; aber nur die mitgeteilten Zahlen geben den richtigen Maßstab zur Würdigung dessen, was wir sonst von der Finanzgeschichte St. Gallens erfahren.

Abt Ulrich VI. (von Sax), der Nachfolger Heinrichs (1204—20), scheint leidlich gewirtschaftet zu haben. Wohl wirft ihm der Chronist[3] die Absicht vor, in alter Weise Klostergut durch Hingabe zu Lehen zu entfremden, auch daß er das Stift wegen Ausgaben im Dienst der Kirche und des Reichs mit schweren Schulden belastete. Immerhin hinterließ er bei seinem Tode 400 Pfund Silber und 70 Mark in bar. Diese Gelder verwandte der neue Abt, Rudolf von Güttingen, jedenfalls bei Aufbringung der 350 Mark Silber, mit denen er sich von der Teilnahme an der Fahrt zur Kaiserkrönung Friedrichs II. loskaufte[4]. Um die Schuldenlast des Klosters zu verringern, vereinbarte der Abt mit dem Konvent und den Ministerialen eine außerordentliche Maßregel. Der Abt gab

---

[1] S. den liber decimationis cleri Constanciensis pro papa de anno 1275, im Freiburger Diözesan-Archiv Bd. 1, S. 154, 191.

[2] Ibid. S. 155, 162 f.

[3] Conradus de Fabaria, Continuatio casuum s. Galli; ediert von G. Meyer v. Knonau; St. Galler Mitt. Bd. 17, Kap. 17, S. 188 f.

[4] Ibid. Kap. 18, S. 190 ff.

von seinem Einkommen in einem Jahre 200 Mark, die Mönche legten alle ihre Sondereinkünfte im Gesamtbetrage von 160 Mark zusammen und die Ministerialen steuerten eine Liebesgabe (agape) bei. So wurden alle Schulden bis auf 200 Mark beglichen[1]. Freilich kamen bald neue Schulden zu den alten. Abt Rudolf stürzte sich in schwere Unkosten, um seinem Bruder das Bistum Chur zu verschaffen, einem Gegenkandidaten zum Trotz; nach beider Ableben erwarb er für sich selbst die Bischofswürde. Da waren denn kostspielige Prozesse am päpstlichen Hofe zu führen; allein für den kirchenrechtlich erforderlichen Dispens, neben dem Bistum die Abtei behalten zu dürfen, zahlte Rudolf 300 Mark Silber. Um den Bruder des einflußreichen Kardinalbischofs Konrad von Urach zum Vasallen des Klosters zu gewinnen, hat er 200 Mark geopfert. Hinzu kamen die Fahrt nach Italien, der Aufenthalt am Hofe Friedrichs II. in Apulien, der Zug nach der Lombardei in Begleitung des Kaisers und zuletzt die Reise nach Rom, wo der Abt 1226 mit fast allen seinen Begleitern starb. Er hinterließ seinem Kloster 1400 Mark Silber Schulden[2]. Davon waren 700 Mark in der Lombardei und 500 Mark in Rom bei römischen und Sieneser Geldleuten aufgenommen[3], der Rest jedenfalls in der Heimat. In Italien war der Abt Wucherern in die Hände gefallen. Daß der Nominalbetrag der Schuld, soweit Italiener als Gläubiger in Betracht kommen, die Summe darstellt, die der Abt in bar erhielt, erscheint ausgeschlossen. Zehn Mark von hundert, also 10 % Verzugszinsen im Monat (gleich 120 % im Jahr) als Konventionalstrafe für den Fall nicht rechtzeitiger Zahlung auszubedingen, trugen die Gläubiger kein Bedenken, als Abt Konrad von Busnang, der Nachfolger Rudolfs, ihnen Begleichung der auf 500 Mark reduzierten Schuld in zwei nicht zu fernen Terminen zusagte[4]. Es hat allerdings einige Zeit gedauert, bis Abt Konrad sich entschloß, mit den Gläubigern seines Vorgängers sich zu einigen. Nach Analogie ähnlicher Vorfälle wird anzunehmen sein, daß sie den Abt an der römischen Kurie verklagten und der Papst ihn durch Androhung der Exkommunikation zum Vergleich zwang. Der Bischof von Bologna, vor dem nach der Urkunde das Abkommen zwischen den

---

[1] Ibid. Kap. 19, S. 192.

[2] Ibid. Kap. 19 f., S. 193 ff.; s. auch die Urk. Wartmann Bd. 4, Anh. No. 25 f.

[3] S. die Urk. Wartmann No. 868, 1230.

[4] Ibid. Über Abt Konrad vergl. P. Bütler im Jahrbuch für Schweiz. Geschichte Bd. 29 (1904), S. 1 ff.

Bevollmächtigten des Abts und der Kaufleute geschlossen wurde, war der für die Sache delegierte päpstliche Richter. Sehr zu bedauern ist, daß der Chronist sich nicht deutlicher ausdrückt, ob an Zins und Schaden von den Italienern 1000 oder 700 Mark gefordert wurden. In letzterem Falle hätten sie bei dem Vergleich mit 500 Mark nur das ursprünglich von ihnen ausgeliehene Kapital, die Hauptsumme, zurückerhalten; doch läßt sich annehmen, daß sie nicht zu kurz kamen. Die beiden Schuldverschreibungen, auf die sie sich beriefen, die über 700 und die über 500 Mark, stellen wohl nur die letzten Verbriefungen dar, zu denen Abt Rudolf in Rom — um weiter Kredit zu finden — sich herbeiließ, während schon in vorangehenden Instrumenten ein höherer Betrag als Schuld angesetzt gewesen sein wird, als der Schuldner bar empfangen hatte. Daraus ist wohl das Schwankende der Angaben des Chronisten[1] zu erklären.

Die in dem Vergleich den Italienern zugesagte Zahlung von 500 Mark hat Abt Konrad geleistet, und große Kosten waren noch damit „in curia Romana" verknüpft[2]. Um die Summen aufzubringen, schritt der Abt, wie einst in ähnlicher Lage sein Vorgänger, zu einer Besteuerung der zum Kloster in Beziehung stehenden Personen, und zwar diesmal in weit ansgedehnterem Maßstabe. Außer den Stiftsherren und Ministerialen wurden auch der niedere St. Galler Klerus und die abhängigen Leute nicht ritterlichen Standes herangezogen. Von den Leutpriestern der Pfarrkirchen St. Galler Patronats und den Bauern, die Land vom Kloster inne hatten, zahlte ein jeder seinen Verhältnissen entsprechend Beiträge, aber nicht gezwungen, sondern freiwillig. Sie nahmen an der Versammlung teil, die der Abt einberief, um seine Wünsche vorzutragen, und auf diesem Landtage des Fürstentums St. Gallen wurde die Umlage bewilligt[3].

Trotz der schlimmen Erfahrungen scheint Abt Konrad selbst Darlehen bei Italienern aufgenommen zu haben[4], allerdings wohl nur, um Verpflichtungen gegen die römische Kurie zu erfüllen, denn sonst verstand er es, mit Geld umzugehen. Nicht daß er in kleinlichem Geiz Ausgaben gescheut hätte, von denen er sich Vorteil für sein Stift versprach. Um die Visitation zu vermeiden, die vielen edlen Klöstern beschwerlich geworden war, spendete er in

---

[1] Conr. de Fabaria Kap. 25, S. 209.
[2] Ibid.
[3] Ibid. Kap. 24f., S. 207ff.
[4] S. ibid. Kap. 34, S. 229, und die Urk. Wartmann No. 879, 1239.

Rom aufs freigebigste Geschenke. Dem Grafen Diethelm dem jüngeren von Toggenburg entrichtete er zur Abfindung 500 Mark. Große Summen verschlangen außerdem die Toggenburger Fehde und die Geschäfte des Abts am Königshofe. Der zeitgenössische Conradus de Fabaria veranschlagt den Gesamtbetrag der außerordentlichen Ausgaben auf 2—3000 Mark und kann sein Erstaunen nicht verhehlen, daß der Abt zahlungsfähig blieb. Es wäre zu verwundern gewesen, so sagt er in seiner schwülstigen Ausdrucksweise, wo eine solche Menge Geld herkam, auch wenn man eine Silberader und einen Silberberg ausgebeutet hätte, oder wenn die Insel Colchis und der Fluß Pactolus den Lauf ihrer Gewässer nach St. Gallen gerichtet hätten[1]. Das Geheimnis des Reichtums lag in den Verwaltungsgrundsätzen Abt Konrads. Klostergut veräußern, um Schulden zu bezahlen, war nicht nach seinem Sinne. Empfand er es doch schon schmerzlich, daß Höfe verpfändet waren, deren Einlösung er für dringend nötig erachtete[2]. Jede Entfremdung von Besitzungen mußte die Einkünfte schmälern und damit momentane Erleichterung auf Kosten der Zukunft erkaufen. Abt Konrad hat vielmehr das Klostergut durch neue Erwerbungen vergrößert. Einmal empfing er als Königsschenkung den Hof Kriеßern im Rheintal von Heinrich VII., dem Sohne Friedrichs II.[3]; noch wichtiger waren die Ergebnisse der Toggenburger Fehde. Die alte Toggenburg und das feste Städtchen Wil fielen durch Schenkung des alten Grafen Diethelm und Zession des jüngeren an St. Gallen mitsamt dem zugehörigen Landbesitz, Hintersassen und ritterlichen Dienstmannen[4].

Von der Regierung Konrads ist die Berchtolds von Falkenstein, des Abts, unter dem St. Gallen den Gipfel seiner äußeren Macht erreichte, nur durch einen kurzen Zwischenraum getrennt. Abt Walther von Trauchburg (1239—44) war nach den Worten des späteren Chronisten[5] ein „lichtsenfter man und tet den lüten güetlich“. Was seine Vorgänger dem Gotteshaus gewonnen hatten, davon wurde viel abgerissen, denn er wehrte sich nicht. Eine Urkunde[6] bestätigt diese Angaben. Weil das Kloster durch Schulden

---

[1] Conr. de Fabaria Kap. 34 u. 36, S. 229 u. 235f.

[2] Ibid. Kap. 24, S. 206.

[3] Ibid. Kap. 36, S. 233f., und Kap. 41, S. 246; vergl. die Urk. Wartmann No. 867, 1229.

[4] Conr. de Fabaria Kap. 26—33 etc.; vergl. den Exkurs S. 253ff.

[5] Kuchimeister Kap. 7; St. G. M. 18, 16.

[6] Wartmann No. 890, 1244.

vielfach beschwert war und an Schätzen und Besitzungen Schaden erlitt, kamen Abt und Propst überein, nicht etwa die Gotteshausleute um eine Beisteuer anzugehen, sondern von ihren eigenen Einkünften je 50 Mark jährlich acht Jahre lang zur Verfügung zu stellen, um verpfändete Güter einzulösen oder neue anzukaufen. Mit zweckentsprechender Verwendung der Gelder wurden zwei Klosterbeamte beauftragt, denen zwei Stiftsherrn und fünf Ministerialen Rat und Hilfe leisten sollten.

Die schwierigen Zeiten des Kampfes zwischen Papst und Kaiser erforderten eine kraftvolle Persönlichkeit. Berchtold von Falkenstein[1], nach der Abdankung Walthers zum Abt erhoben[2], verstand es, seinem geistlichen Fürstentum eine bedeutsame Stellung zu wahren. Wenn einst bei der Schwäche der Reichsgewalt das Klostergut willkommene Beute für die Habgier der weltlichen Großen gewesen war, so wurde es nunmehr selbst noch vermehrt und verbessert unter einem Abt, den freilich nur das geistliche Gewand von seinen Standesgenossen im Panzer unterschied.

Auf die Politik Abt Berchtolds kann ich nicht des nähern eingehen. Ihr Grundzug war schließlich der gleiche wie bei seinen Vorgängern. Streben nach Verbesserung des Stifts und persönlichem Vorteil hielten sich die Wage. Der Übertritt auf seiten des Papstes, rechtzeitig ins Werk gesetzt, als die Sache der Staufer verloren schien[3], hatte zur Folge, daß über den Abt und sein Kloster eine Fülle von Gnaden sich ergoß. Dem Abt wurden nacheinander Aussichten auf Beförderung zu den Bischofsstühlen von Basel, Chur oder Konstanz eröffnet[4]. Die Verwaltung der Klöster Rheinau[5] und Reichenau[6] sollte an ihn übergehen. Die Einkünfte des Klosters wurden nicht unwesentlich vermehrt durch die Inkorporation von Kirchen mit ausgedehnten Zehntrechten, wie der Pfarrkirchen zu Wil und Appenzell[7]; aber mehr noch als der Gunst

---

[1] Über ihn vergl. P. Bütler, Neujahrsblätter d. hist. Vereins St. Gallen 1894.

[2] Kuchimeister Kap. 9f., S. 22ff.; vergl. die Urk. Wartmann No. 892, 1244.

[3] Die Ausführungen von Meyer v. Knonau in Note 37 zu Kuchimeister Kap. 20, S. 20f. betreffs des Parteiwechsels Berchtolds sind mit Weller in Württemberg. Vierteljahrshefte, N. F., 6. Jahrg. 1897, S. 119f. gegen Bütler, Anz. f. Schweiz. Gesch. 1894, S. 47 anzunehmen.

[4] S. Wartmann Bd. 4, Anh. No. 65, 66, 80; vergl. P. Aldinger in Zeitschr. f. d. Gesch. d. Oberrhein, N. F., 13, 149ff.

[5] Wartmann No. 904, 905, 906, 1248.

[6] Wartmann Bd. 4, Anh. No. 57.

[7] Wartmann No. 907. 908, 919, 920.

des Papstes hatte Berchtold seiner diplomatischen Gewandtheit und dem Schwert seiner Mannen zu danken.

Als er die Regierung antrat, besaß nach der gewiß glaubwürdigen Angabe Kuchimeisters[1] das Gotteshaus keine Burgen außer der von Appenzell und einem Teil der alten Toggenburg. Das Städtchen Wil war ihm kurz zuvor durch die Grafen von Toggenburg wieder entrissen worden. Berchtold gewann nicht nur Wil zurück[2], sondern hat auch eine ganze Anzahl Burgen neu gebaut oder erworben, nicht nur für unmittelbare militärische Zwecke, wie einst Abt Ulrich in der Zeit des Investiturstreits, sondern geradezu als Stützpunkte der Landesherrschaft. Im Rheintal ließ er Blatten anlegen zum Schutz gegen die Grafen von Montfort[3]. Unterhalb, in der Nähe des Bodensees, sperrte die neu errichtete Heldsburg am Monstein[4] gleichfalls die Straße des linken Rheinufers. Die Burg Husen bei Berneck kaufte der Abt zur Hälfte, die andere Hälfte wurde Burglehen. Oberhalb der Burg von Berneck baute er den Turm Stättenberg, den er zu Burglehen vergabte, und den Besitzer der Burg von Berneck selbst bewog er, sein rechtes Lehen in ein Burglehen des Gotteshauses zu verwandeln[5]. Zur gleichen Handlung zwang er mit Gewalt zwei ungetreue Dienstmannen für ihre Burgen Grimmenstein (bei Walzenhausen) und Mammertshofen (bei Roggwil)[6]. Die Wasserburg Hagenwil zedierte ihr bejahrter Gründer dem Abt zum Dank für die Errettung aus der Gefangenschaft bei seinen eigenen Töchtern; die Burg Singenberg wurde durch das Aussterben des nach ihr benannten Ministerialengeschlechts dem Kloster ledig[7]. Entlegener vom Zentrum der St. Galler Besitzungen waren die Burg zu Iberg (bei Wattwil), die der Abt dem Grafen von Toggenburg entriß[8], und die Neu-Ravensburg, die, durch den Tod des kinderlosen Inhabers erledigt, vom Abt vermöge eines Abkommens mit dem Bischof von Konstanz gegen erbberechtigte Ansprecher behauptet wurde[9]. Die wichtigste Erwerbung, den Ankauf von Grüningen, hat Berchtold nicht zu Ende geführt. Für 1500 Mark Silber war

[1] Kap. 33, S. 113f.
[2] Kuchimeister Kap. 9f., S. 22ff.
[3] Ibid. Kap. 27, S. 80f.
[4] Ibid. Kap. 28, S. 85.
[5] Ibid. S. 82ff.
[6] Ibid. Kap. 13, S. 33ff.
[7] Ibid. Kap. 28, S. 86ff.; vergl. die Urk. Wartmann No. 965, 1264.
[8] Kuchimeister Kap. 23f., S. 66ff.
[9] Ibid. Kap. 20, S. 51ff.

der Freiherr Lutold von Regensberg bereit, die Feste Grüningen im Zürichgau mit allem Zubehör, Vogtei und anderen Rechten dem Abt zu zedieren. Der Vertrag war geschlossen; um die Kaufsumme aufzubringen „übernoss der apt des gotzhus lüt an allen dingen, wa es im werden möcht, ôn recht.“ Als das Geld beisammen war, lag Berchtold auf dem Siechbett. Wegen einer Differenz von 4 Denar auf die Mark bei Umrechnung des Silberwerts in die gangbare Münze wurde er mit dem Regensberger nicht einig, und ohne den Preis bezahlt zu haben, schied Abt Berchtold aus dem Leben[1]. Bei dem Kaufvertrag lag der Schwerpunkt auf dem Erwerb der Vogtei und der mit ihr verbundenen obrigkeitlichen Rechte. Die grundherrlichen Einkünfte aus den alten St. Galler Höfen Dürnten und Mönchaltorf, die zu Grüningen gehörten, waren dem Kloster nicht ganz entfremdet. Das beweist außer den Worten Kuchimeisters, der nur von der Vogtei spricht, die Urkunde von 1269, in der Abt Berchtold dem Regensberger 40 Scheffel Weizen aus den Einkünften der Höfe Dürnten und Mönchaltorf verpfändete[2]. Die Urkunde von 1253[3] spricht nur von einigen Besitzungen. An Rudolf von Habsburg sind später die Höfe selbst zediert worden; die bezüglichen Urkunden[4] suchen freilich die Tatsache zu verwischen, daß dem König mehr verkauft wurde, als das Kloster seinerzeit von Lutold erworben hatte.

Die Frage nach Ausübung der Vogteirechte tritt in der Folge durchaus in den Mittelpunkt der Klostergeschichte. Von ihrer Entscheidung hing ab, ob der Abt, dessen Fürstenwürde unbestritten war, Landesherr werden sollte oder nicht. Die Vogtei war 1166 von Abt Werner dem Grafen Rudolf von Pfullendorf verliehen worden[5], der sie wohl bis 1180 behielt, als er nach Jerusalem pilgerte, um im h. Lande sein Leben zu beschließen[6]. Aus seinem Besitz ging die Vogtei an den Kaiser Friedrich I. über und vererbte sich im staufischen Hause, bis König Philipp 1208 durch Mörderhand fiel. Abt Ulrich VI. hat dann einen Teil der Vogtei seinem eigenen Bruder, dem Freiherrn Heinrich von Sax, übergeben. obschon ihm Berthold von Zähringen für die ganze 4000 Mark

[1] Ibid. Kap. 31, 33, S. 101 ff., 106.
[2] Wartmann No. 982.
[3] Wartmann No. 924.
[4] Wartmann No. 1074 a, 1284, 1074, 1291.
[5] Vergl. oben S. 54.
[6] St. Galler Mitt. 19, 323 f.

Silber bot[1]. Indessen mußte Heinrich von Sax verzichten, da der Welfe, König Otto, als Erbe der Staufer, die Vogtei von St. Gallen für sich in Anspruch nahm[2]. Als Stellvertreter des Königs in der Verwaltung der Vogtei erscheint urkundlich 1210 der Ministeriale Heinrich von Schmalegg[3]. Sobald der rechte Erbe der Staufer, Friedrich II:, in Deutschland erschien, ist die Vogtei jedenfalls ohne weiteres an ihn übergegangen. War doch der Abt von St. Gallen einer von den ersten, die auf seine Seite traten[4]. So hat Friedrich schon 1217 der Stadt Wangen auf Bitten des Abts Ulrich versprochen, die Vogtei über Wangen nicht zu entfremden, sondern stets in sein und seiner Erben Hand zu halten und durch den königlichen (stellvertretenden) Vogt von St. Gallen verwalten zu lassen[5]. König Heinrich, der Sohn Friedrichs II., hat 1226, als Abt Konrad an seinem Hofe zu Überlingen erschien, um die Investitur zu empfangen, an ihn das Ansinnen gestellt, die Vogtei über einige St. Galler Besitzungen im Thurgau dem Grafen Hartmann von Kiburg zedieren zu dürfen. Ich kann die dunkle Stelle bei Conrad de Fabaria[6] nur so verstehen, daß Graf Hartmann dem König 600 Mark Silber bot für Überlassung des Teils der St. Galler Vogtei zu Pfandbesitz und Lehen. Der Abt sollte als Lehnsherr der Vogtei seine Zustimmung zur Handänderung geben, tat das aber nicht; denn nicht durfte er die Vogtei zerstückeln lassen, sondern er mußte sie ganz und unversehrt erhalten. So lautet wenigstens die Meinung des Chronisten, der den Abt wegen seiner Standhaftigkeit preist. Wenn er aber mit der Bemerkung schließt[7]: Er erlangte jedoch selbst die Vogtei vom Könige für die erwähnte Geldsumme zu Pfand, so kann ich darin nicht eine Erwerbung des Teils der Vogtei oder gar der ganzen für das Kloster zur selbständigen Ausübung der zugehörenden Rechte erblicken, sondern etwa nur so viel: Der Abt zahlte dem König die 600 Mark, die Graf Hartmann ihm versprochen hatte, und erhielt dafür unter Sicherung durch Pfandrecht das Versprechen, daß die Vogtei nicht vom staufischen Hause entfremdet werden solle, damit sie eben ungeteilt bliebe.

---

[1] Conradus de Fabaria Kap. 10, S. 154f.

[2] Ibid. Kap. 13, S. 169ff.

[3] Wartmann No. 840.

[4] Conr. de Fabaria Kap. 14, S. 173ff.; vergl. Winkelmann, Jahrb. Philipps von Schwaben und Ottos IV. 2, 324.

[5] Wartmann Bd. 3, Anh. No. 18.

[6] Conr. de Fabaria Kap. 23, S. 202ff.

[7] Ibid. S. 204.

Splitter der Vogtei, wie sie Lutold von Regensberg besaß, mögen gleichwohl in jener Zeit abgekommen sein. König Konrad IV. hat die Vogtei über die Stadt Wangen einem Schenken von Tanne zu Pfand gesetzt, dessen Erbe, Rudolf, sie 1267 an Abt Berchtold verpfändete[1]. Alle bezüglichen Rechtsgeschäfte waren indessen ungültig, weil sie dem Privileg Friedrichs II. für Wangen widersprachen, und sind daher durch Rudolf von Habsburg 1281 kassiert worden[2]. Daß die Bürger von Lindau den Abt Berchtold zu ihrem Herrn (und Vogt) annahmen[3], hat auf die St. Galler Vogtei, zu der Lindau nicht gehörte, keinen Bezug. Soviel ich sehen kann, ist die St. Galler Vogtei mit Ausnahme etwelcher Splitter im Besitz des staufischen Hauses geblieben. Ein neuerdings gefundenes Verzeichnis von Reichseinkünften aus dem Jahre 1241 führt aus der Vogtei St. Gallen 100 Mark an (Stadtsteuer von Wangen 10 Mark)[4]. Wie es mit der Ausübung der Vogteirechte gehalten wurde, als Abt Berchtold von den Staufern abfiel, kann zweifelhaft sein, doch hat er später wohl die Erbrechte des jungen Konradin, des letzten Staufers, anerkannt[5]. Mit Konradins Tode wäre die Vogtei vakant geworden. Wenn Abt Berchtold den Gotteshausleuten Steuern auferlegte, um die Kaufsumme für Grüningen aufzubringen, so geschah das, wie Kuchimeister[6] sagt, „ôn Recht“, unter ungenügendem Rechtstitel. Dem Grundherrn hatten die Leute nach den Präzedenzfällen nur freiwillige Beiträge zu leisten. Sollte Berchtold in Ermanglung eines Vogts selbst dessen Rechte sich angemaßt haben, so betrachtete man das als Unrecht, und es schlossen die Gotteshausleute, die Bürger von St. Gallen, die von Wil, Appenzell, Wangen und Hundwil einen Geheimbund, eine Verschwörung; sie wollten einander beholfen sein, wenn der Abt nicht aufhöre.

Schon ehe Rudolf von Habsburg die Vogtei, das Erbstück der Staufer, ans Reich zog, ist er selbst Vogt von St. Gallen geworden. Die Doppelwahl nach dem Tode Berchtolds (1272) stürzte Kloster und Land in schwere Verwirrung. Die Gegenäbte, Ulrich VII. von Güttingen und Heinrich von Wartenberg, befehdeten einander auf Kosten des Stifts. Vor allem Ulrich, dem die Bürger von St. Gallen, die Wiler und die Bergleute, die Teilnehmer an der Verschwörung

[1] Wartmann No. 976.
[2] Wartmann B. 4, Anh. No. 134.
[3] Kuchimeister Kap. 32, S. 105.
[4] Neues Archiv 23, 525.
[5] Vergl. St. Galler Mitt. 19, 328: Der Besuch Konradins in St. Gallen.
[6] Kap. 31, S. 103.

gegen Berchtold anhingen, vergeudete den von seinem Vorgänger angesammelten Schatz. Er verbrauchte das zur Zahlung der Grüninger Schuld bereit liegende Geld, wodurch die Bürgen Schaden erlitten[1]. In den Wirren kam Graf Rudolf von Habsburg, der mächtigste Herr im Lande, nach St. Gallen; dem schwuren die Gotteshausleute, Bürger und Bauern, für einen Herrn mit Willen des Abts, des Güttingers, darum wurden sie beschirmt[2]. Die Basler Annalen[3] sagen geradezu: Die Leute des Abts von St. Gallen nahmen Graf Rudolf zum Vogt. Als nun Rudolf bald darauf zum König gewählt wurde, hat er wie seine Vorgänger einen stellvertretenden Verwalter der Vogtei eingesetzt, den Ministerialen Ulrich von Ramswag. Nach Kuchimeister[4] war Abt Ulrich mit der Person dieses Beamten nicht einvertanden. Gegen das Recht des Königs auf die Vogtei hat er schwerlich Einspruch erhoben, war doch Rudolf bereits vor der Wahl von ihm als Vogt anerkannt worden, und daß der König zur Verwaltung der Vogtei einen Vertreter ernannte, war schon früher üblich gewesen. Ulrich von Ramswag nahm die gleiche Stellung ein wie unter Otto IV. Heinrich von Schmalegg. Nur hätte Abt Ulrich gern einen Vogt gehabt nach seinem Willen, eine ihm mehr genehme Persönlichkeit. Die Folge hat den Bedenken des Abts recht gegeben. Der Ramswager vertrat während seiner Amtsdauer, die so lange währte als die Regierung König Rudolfs, die Interessen seines Herrn und nicht die des Stifts.

Das Steuererheben durch den Abt hatte ein Ende. Als später Abt Wilhelm von Montfort die auf über 1600 Mark angewachsene Schuldenlast des Klosters vermindern wollte, bedurfte er der Hilfe des Vogts Ulrich von Ramswag, um bei den Gotteshausleuten in St. Gallen, Wil und anderwärts eine Art Zwangsanleihe zu erheben, für deren Rückzahlung binnen 4 Jahren Zinse des Gotteshauses angewiesen wurden[5]. Das Recht der Besteuerung übte nunmehr der Vogt im Namen des Reichs; darauf ist zurückzuführen, was von Bedrückungen erzählt wird, die Ulrich von Ramswag sich zuschulden kommen ließ, so daß er den St. Gallern die Leinwand auf der Bleiche pfändete. Die Gotteshausleute murrten gegen den Abt Rumo, weil er sie vor Bedrückungen durch den Vogt nicht

---

[1] Kuchimeister Kap. 34, S. 115 ff.
[2] Ibid. Kap. 35, S. 137 f.
[3] M. G. Script. 17, 195.
[4] Kap. 37, S. 145 ff.
[5] Kuchimeister Kap. 44, S. 178.

schütze[1]. Die Rechtsstellung Ulrichs ist während seiner langen Amtsdauer nicht ganz die gleiche geblieben. 1287 verpfändete ihm König Rudolf um 200 Mark Silber Einkünfte aus der Vogtei, nämlich die gesetzten Vogtrechte, aber nicht die Vogtsteuer und nicht die Vogtei selbst[2]. Die Vogtei blieb beim Reich. Zu ihrem Verweser ernannte König Adolf seinen Marschall Hildebrand von Pappenheim[3] und später Heinrich VII. den Herrn Dietegen von Castel[4]. Der Konflikt Abt Wilhelms mit den Königen Rudolf und Albrecht[5] konnte die Rechtslage nicht verändern, wenn es auch wohl als ein Erfolg des Abts zu betrachten ist, daß die Vogtei unmittelbar beim Reiche blieb und nicht habsburgisch wurde.

Einmal schien im Verlauf der Kämpfe die Aussicht auf Erwerb der Vogtei durch den Abt ganz nahe gerückt. Als Abt Wilhelm mit 20 Fähnlein in den Dienst des Königs Adolf trat zu einem Feldzuge gegen Frankreich, erhielt er als Entgelt 500 Mark Silber, für die ihm das Recht der Besteuerung in der Stadt St. Gallen und auf dem Lande über sein ganzes Gotteshaus zum Pfand gesetzt wurde. Das „gesat“ oder alte Vogtrecht und das Vogtgericht behielt sich zunächst noch der König vor, um sie schließlich für 300 Mark zu Pfand hinzugeben, nachdem die Pfandsumme für die übrigen Einkünfte der Vogtei auf 1000 Mark erhöht war[6]. Indessen, nicht lange durfte sich Abt Wilhelm des Erfolges freuen. In der Schlacht bei Göllheim verlor Adolf Krone und Leben. Sein siegreicher Gegner und Nachfolger, König Albrecht, ließ die Verpfändung der Vogtei nicht gelten[7]. Nur während der Thronvakanz nach Albrechts Tode konnte der Abt Heinrich von Ramstein die Gotteshausleute besteuern, und das besorgte er gründlich. Von Anfang Mai bis Mitfasten, also binnen 10 Monaten, kam er ihnen an die acht Mal an „mit stür und mit bet“ (Bede)[8]. Begreiflich genug, daß die Bürger von St. Gallen alles aufwandten, damit die Bewerbung des Abts um die Vogtei bei Heinrich VII. scheitere.

---

[1] Ibid. Kap. 41, S. 165f.

[2] Wartmann No. 1056.

[3] Kuchimeister Kap. 63, S. 251f.

[4] Ibid. Kap. 75, S. 315f.

[5] Vergl. zu den Vorgängen G. Meyer v. Knonau in Jahrb. für Schweiz. Gesch. Bd. 7, S. 1ff., und O. Redlich, Rudolf von Habsburg. Innsbruck 1903, S. 546ff., 559ff.

[6] Kuchimeister Kap. 65, S. 263; Wartmann No. 1101, 1103, 1297; 1104, 1106, 1298.

[7] Kuchimeister Kap. 72, S. 305f.

[8] Ibid. Kap. 74, S. 314.

Nur eines erlangte der Abt: Das in den Kämpfen zerstörte und wieder aufgebaute Städtchen Wil sollte nicht in der Reichsvogtei inbegriffen sein. So wurde wenigstens die zweifelhafte Rechtsfrage vom Hofgericht entschieden[1]; ob ganz mit Recht, möchte ich dahingestellt sein lassen. Wenn auch einst die Zession von Wil ans Kloster zu vollem Eigentumsrecht erfolgt war, so sollte man doch meinen, daß alles Gut des Gotteshauses, das alte wie das neu erworbene, der Reichsvogtei unterstand. Heinrich VII. hat übrigens nicht rückhaltlos die Hoheit des Abts über Wil anerkannt, sondern ihm nur die Rechte zurückgegeben, die er vor dem Eingreifen König Albrechts besaß. Was vorenthalten blieb, müssen die landgräfliche Gewalt und der Blutbann des Thurgauer Landgerichts sein[2].

Die Entwickelung der St. Galler Reichsvogtei läßt sich nicht in allen Einzelheiten verfolgen. Das urkundliche Material des 13. Jahrhunderts ist durchaus noch nicht reichhaltig. Es müssen mancherlei tiefgreifende Veränderungen vor sich gegangen sein, von denen nur geringfügige Spuren Zeugnis ablegen. Der König behielt nicht die ganze Vogtei über alles Gut des Gotteshauses in seiner Hand. Vogteirechte über einzelne Höfe und sonstige Besitzstücke sind vielfach vom Reiche abgekommen. Am deutlichsten liegt der Vorgang für Waldkirch. 1277 hat Abt Rumo an Ulrich von Ramswag den Hof zu Waldkirch mit Kirchensatz und allem Zubehör zu Lehen gegeben[3]. Im nächsten Jahre verpfändete König Rudolf dem Ulrich von Ramswag die Vogtei in Waldkirch, die später König Albrecht dessen Erben bestätigte[4]. Hier handelte es sich um ein Stück Reichsvogtei über St. Galler Kirchengut. Die Vogtei über die Freien im oberen Thurgau, die König Rudolf dem Heinrich Walther von Ramswag 1279 zu Pfand setzte und die auch später als Pfandbesitz vom Reiche galt[5], kann dagegen mit der Reichsvogtei über das Kirchengut nichts zu tun haben; die Freien saßen auf eigenem und nicht auf grundherrlich St. Galler Boden. Nur in seiner Eigenschaft als Landgraf des Thurgaus hätte Rudolf die Verpfändung vornehmen können, nicht als König.

---

[1] Ibid. Kap. 75, S. 317 f.; Wartmann No. 1190, 1310.

[2] Vergl. E. Wild, Verfassungsgeschichte der Stadt Wil. Bern. Diss. 1904, S. 124 ff.

[3] Kuchimeister Kap. 39, S. 157; Wartmann No. 1008.

[4] Wartmann No. 1014, 1278; 1121, 1300.

[5] Wartmann, No. 1020, 1279; 1153, 1304; 1176, 1307; 1223, 1315; 1713, 1373; 1713 a, 1374.

Andererseits finden sich Vogteirechte über St. Galler Besitztum, die, soweit ersichtlich, nicht vom Reiche abhingen, nämlich die des Lutold von Regensberg über Mönchaltorf und Dürnten[1]; auch in den Lehen, die Rudolf von Habsburg von St. Gallen hatte, Zell, Seen etc.[2], waren nach dem Habsburger Urbar[3] die Vogteirechte, Gericht über Dieb und Frevel und Steuer, habsburgisch ohne Abhängigkeit vom Reich; zu diesen Lehen gehörte sogar die Vogtei über die Freien zu Teilingen, Madetswil und Erikon[4]. Daß er die Vogtei über die Höfe Zell, Seen etc. zu Lehen empfing, sagt allerdings die Urkunde von 1271 nicht. Nun stammten aber alle die Lehen aus der Erbschaft des Grafen Hartmanns IV. von Kiburg, des gleichen, zu dessen Gunsten König Heinrich 1226 zu Überlingen sich vergeblich bei Abt Konrad um Zession eines Teils der Reichsvogtei bemüht hatte. Die Vermutung liegt sehr nahe, daß Conradus de Fabaria, unklar wie er überhaupt ist, betreffs der Vorgänge zu Überlingen nicht die ganze Wahrheit sagt. Wenn der Abt damals nicht auf das Begehren des Königs einging, so kann er es doch später getan haben. Die St. Galler Vogtei ist nicht ungeteilt geblieben, wenn sie überhaupt jemals im vollen Umfange dem Reiche zustand.

Klarer, wenn auch nicht in jeder Beziehung durchsichtig, liegen die Verhältnisse des Stückes der Reichsvogtei, das für die Folge die größte Bedeutung erlangt hat. An die Ausübung der Vogtei über Appenzell, die dicht vor der Mitte des 14. Jahrhunderts vom Reich an den Abt von St. Gallen kam[5], knüpften sich die Streitigkeiten, in denen der Appenzeller Freiheitskampf seinen Ursprung hat. In einem umfangreichen Aktenstück hat das Gotteshaus St. Gallen 1419[6] seine Ansprüche an die Appenzeller zusammengestellt. Es verzeichnet den genauen Betrag von grundherrlichen und obrigkeitlichen Gefällen, die seit 11 Jahren im Rückstand waren. Eine etwas ältere Aufzeichnung über Rechte und Einkünfte zu Appenzell tritt ergänzend und erläuternd ein[7]. Da werden nun drei Arten von Vogtabgaben unterschieden: Das

---

[1] Vergl. oben S. 120 f.
[2] Wartmann No. 991, 1271.
[3] Quellen zur Schweiz. Gesch. 14, 294 ff.
[4] Ibid. 303, 294, 298; vergl. Wartmann No. 991.
[5] Wartmann No. 1417, 1344; 1425, 1345; 1428, 1345.
[6] Zellweger, Gesch. des appenzell. Volkes; Urkunden Bd. 1, T. 2, No. 234, 1419.
[7] Wartmann Bd. 3, S. 802, Anh. No. 75.

Vogtrecht, das aber mit der Vogtei nichts zu tun hatte, sondern, wie die Klageschrift jedenfalls richtig bemerkt, zum Meieramt gehörte. Es belief sich nur auf 6 Pf. 19 sol. 10 den. für die 6 Roden des inneren Appenzell und war an Stelle der früher nachweisbaren Käselieferungen an den Meier[1] getreten; auch die Vogtlämmer, 59 an Zahl, waren offenbar eine Abgabe an das Meieramt. Der Vogtschatz ist das früher erwähnte alte oder gesetzte Vogtrecht und beträgt für Appenzell $11^1/_2$ Pfund, 7 Pfund im Herbst, $4^1/_2$ im Mai, für Hundwil 4 Pf. 4 sol., also auch kein hoher Betrag, zumal im Vergleich mit der Steuer, die auf 125 Mark Silber oder nach der Umrechnung von 1419 auf 281 Pf. 5 sol. sich belief, für Appenzell allein 68 Mark 3 sol., für Hundwil und Urnäsch 34 Mark 13 sol. etc., früher sind sogar 150 Mark gezahlt worden. Ganz auffällig ist nun, daß diese Steuer allein den Gesamtbetrag der grundherrlichen Gefälle, abgesehen vom Kirchenzehnten, erheblich übertraf: in Appenzell 68 Mark 3 sol. Steuer gegen nur 78 Pfund 1 sol. Zinse, und doch können die Bewohner nicht übermäßig schwer mit der Steuer belastet gewesen sein. Zellweger[2] hat ein Verzeichnis des Vermögens der Einwohner von Appenzell mitgeteilt, das er vielleicht zu hoch auf 1378/79 ansetzt. Danach betrug der Gesamtwert der liegenden Habe in den 6 Roden $12096^1/_2$ Mark, der Fahrhabe 1806 Mark. 68 Mark Steuer würde also noch nicht $^1/_2\,\%$ vom Wert des Vermögens ausmachen. Ich glaube, schon rein rechnerisch läßt sich konstatieren, daß nicht aller Boden in Appenzell dem Kloster gehörte und nicht alle Bewohner des Ländchens Gotteshausleute waren. Es liegt aber auch ein ganz positives Zeugnis dafür vor. In einer Urkunde von 1323[3] vermittelt der Abt Grenzstreitigkeiten zwischen den Gotteshausleuten zu Appenzell und Hundwil mit der Landleute zu Appenzell und Hundwil aller gemeinsamen Willen, also sind hier Gotteshausleute und andere Landleute ausdrücklich geschieden. Letztere können, da es in Appenzell andere Grundherrn als St. Gallen nicht gab, nur freie Bauern gewesen sein. Die Steuer wurde von ihnen und den Gotteshausleuten gemeinsam entrichtet, während nur diese die grundherrlichen und die alten Vogteilasten trugen.

Die Tatsache, daß gerade in Appenzell freie Bauern mit Eigengut einen nicht unwesentlichen Bestandteil der Bevölkerung

---

[1] Ibid. S. 746 f.

[2] L. c. Bd. 1, T. 1, No. 118.

[3] Wartmann Bd. 3, Anh. No. 48.

bildeten, läßt den Freiheitskampf denn doch in anderem Lichte erscheinen als die Annahme von einer ursprünglichen Zugehörigkeit des ganzen Landes ans Kloster. Die Frage kann nur sein, wann die Freien unter die Vogtei geraten sind. Das braucht nun nicht früher als unter und durch Rudolf von Habsburg geschehen zu sein, dem als Landgrafen die Freien unterstanden, während ihn die Gotteshausleute als Vogt anerkannten, und ich möchte es nicht für undenkbar halten, daß eine Art Austausch zwischen Reich und Landgrafschaft stattgefunden hat, den König Rudolf mit sich selbst vornahm zum Zweck des territorialen Abschlusses der Rechte. Unmöglich ist es freilich nicht, daß die Unterordnung der Freien in Appenzell unter die Reichsvogtei schon etwas höher hinaufreicht, etwa auf staufische Verwaltungsmaßregeln zurückgeht. Nur die Ausdehnung der Immunität in älterer Zeit über die zwischen den grundherrlichen, immunen Besitz eingesprengten Freien ist nicht wahrscheinlich oder kann doch nicht aus den jüngeren Zuständen erschlossen werden, weil die Herstellung des territorialen Abschlusses eine weit ungezwungenere Erklärung in den Tendenzen des 13. Jahrhunderts zur Vereinheitlichung der obrigkeitlichen Rechte findet. Die St. Galler Immunität hat seit der ersten Hälfte des 10. Jahrhunderts, den Ordnungen König Heinrichs I.[1], keine weitere Entwickelung durchgemacht; Grafschaftsrechte sind dem Kloster nicht verliehen worden. Die Befugnisse des Vogts erstreckten sich über alle die Leute, welche zum Kloster in Beziehung standen.

Auf dieser Grundlage beruhten auch die Rechtsverhältnisse der Stadt St. Gallen, die zuletzt von Gmür[2] behandelt worden sind. Freilich ist noch nicht alles geklärt. Die Voraussetzung, daß aller Boden der Stadt und näheren Umgebung innerhalb der 4 Kreuze ursprünglich dem Kloster gehörte, halte ich allerdings mit Gmür[3] für wahrscheinlich. Nur fehlt noch der spezielle Nachweis, wie es um den Arealzins stand, der als Abgabe an den Obereigentümer des Bodens nicht fehlen konnte, wenn er nicht etwa gleich bei der Gründung erlassen worden ist. St. Gallen war eine Marktstadt und ist als solche aller Wahrscheinlichkeit nach auf Grund des von Otto I. dem Abt Craloh 947 für Rorschach ver-

[1] Vergl. oben S. 53.

[2] Die verfassungsgeschichtliche Entwickelung der Stadt St. Gallen bis zum Jahre 1457. St. Gallen 1900.

[3] Ibid. S. 4, 7.

liehenen Marktprivilegs[1] gegründet worden. Wenige Jahre später (953/54) begann Abt Anno den Bau von Befestigungswerken, Gräben, Mauern und Türmen[2]. Eine Ansiedlung hat indessen gewiß schon vorher neben dem Kloster bestanden. Einheitliches Besitzrecht der Bürger am Boden stellten die äbtischen Privilegien von 1272/73 und 1291 fest[3], die allerdings wohl grade in diesem Punkte auf verlorene ältere Verbriefungen zurückgehen mögen. Dieses Besitzrecht, als Konstanzer Eigen bezeichnet, ist das beste nach und selbst über dem freien Eigen; es schließt volle Erbberechtigung und Verfügungsfreiheit in sich. Bei Veräußerungen ist die Aufgabe an den Lehnsherrn überflüssig, nur ein Viertel Landwein wird als Ehrschatz gegeben oder wenigstens angeboten. Daß der Abt als alleiniger Lehnsherr in Betracht kommt, sagen die Urkunden nicht, sondern ganz im Gegenteil. Alles Gut innerhalb der vier Kreuze, welcherlei Leute das haben oder von wem man es hat oder recht und redlich gewinnt, das soll im selben Recht stehen wie Konstanzer Eigen. Das schließt freilich nicht aus, daß der Abt letzter Obereigentümer war, sonst hätte er nicht die allgemein gültige Norm festsetzen und den früher bestehenden oder doch angewandten Unterschied zwischen Eigen und Lehen aufheben können.

Marktherr war der Abt in St. Gallen jedenfalls. Ihm gehörten alle Einkünfte vom Markt, die Gerichtsgefälle einbegriffen. Als Marktrichter ist im 12. Jahrhundert ein St. Galler Ministeriale nachweisbar, einmal iudex, das andere Mal causidicus, Schultheiß, betitelt[4]; später erscheint an seiner Stelle der (Stadt)ammann[5], den der Abt einsetzte[6]. Daß der Abt selbst Gericht hielt, dürfte wohl vorgekommen sein[7]; aber der ordentliche Richter, vor dem die Bürger nach dem Privileg König Rudolfs von 1281[8] ausschließlich belangt werden dürfen, ist der Ammann und in schweren Kriminalfällen der Vogt. Die Vogtei über die Stadt hat der Abt nicht erworben; sie blieb beim Reiche, und so befand sich St. Gallen bis ins 15. Jahrhundert in einer Mittelstellung zwischen Reichs- und

---

[1] Wartmann No. 796.
[2] Ekkehard Kap. 71, S. 254.
[3] Wartmann No. 1000, 1076.
[4] Derselbe No. 830, 1167; 831, 1170.
[5] Derselbe No. 1156, 1305.
[6] S. Wartmann No. 1854, 1381.
[7] Vergl. Gmür S. 20.
[8] Wartmann No. 1029.

Landstadt. Landesherr über St. Gallen war der Abt nicht, weil ihm Blutbann und Besteuerungsrecht fehlten. Nach dem Privilegentwurf von 1272/73 sollten die Bürger weder dem Abt noch sonst jemand Steuer schuldig sein, außer 40 Pfund Pfennige St. Galler Münze als Vogtsteuer dem Reich. Diese Bestimmung fehlt in dem Privileg von 1291. Der Abt konnte nicht versprechen, daß der Vogt die Steuer nicht erhöhen werde; Rudolf von Habsburg hat sich gewiß nicht mit der hergebrachten Stadtsteuer begnügt. Der Zoll dagegen, der schon im 12. Jahrhundert einmal abgelöst worden war[1], gehörte dem Abt als Marktherrn. Aus der Marktherrschaft stammen auch die gewerberechtlichen Befugnisse, die der Ammann in Vertretung des Abts übte: Aufsicht über Maß und Gewicht, Empfang von Abgaben der Bäcker und Metzger etc.[2], Zu freiheitlicher Entwickelung ist St. Gallen ungewöhnlich spät gelangt. Der Rat wird zuerst 1312 erwähnt[3] und ist gewiß nicht viel älter[4]. Um so näher steht hier auch zeitlich die Entwickelung von Stadt- und Landgemeindeverfassung. Im Jahre 1378, als die 4 Ländlein Appenzell, Hundwil, Urnäsch und Teufen sich mit den schwäbischen Reichsstädten verbündet hatten, wurde in ihnen unter Mitwirkung der Reichsstädte eine erste selbständige Behörde von 13 Mitgliedern eingesetzt, die ganz allgemein für das Wohl der Länder zu sorgen hatte[5], speziell aber die Umlage der Steuer wahrnehmen sollte, also dem städtischen Rat sehr ähnlich war.

Ich will die Erörterungen nicht weiter ausdehnen, sondern nur noch zum Schluß eine Bemerkung prinzipieller Natur zufügen. Neuerdings ist die Frage wieder aufgeworfen worden, ob die Landeshoheit auf Grundherrschaft oder obrigkeitlicher Gewalt beruhe. Für St. Gallen liegt der Entwickelungsgang klar genug. Das Recht der Grundherrschaft bildete die Basis für die Stellung der Äbte in weltlichen Dingen; Umfang und Organisation des grundherrlichen Besitzes veränderten sich im Laufe der Zeit, aber andauernd flossen aus ihm die wesentlichsten Einkünfte des Klosters. Der Abt konnte ritterliche Ministerialen halten, er hatte Rang und Stellung eines Reichsfürsten, ohne daß er selbst die eigentlichen obrigkeitlichen Rechte wahrnahm. Die Vogtei stand ihm nicht zu

[1] Wartmann No. 1000.

[2] Derselbe Bd. 3, Anh. No. 76.

[3] Derselbe No. 1199, 1312.

[4] Daß der Rat in der äbtischen Landstadt Wil noch jünger ist, s. Wild, l. c. S. 168f.

[5] Wartmann No. 1777, 1378.

eigener Ausübung zu, die Meierämter waren an Ministeriale erblich verliehen. Beides, niedere und hohe Gerichtsbarkeit, haben die Äbte zurückerworben oder gewonnen, als die alten Formen der Grundherrschaft ihre ursprüngliche Bedeutung eingebüßt hatten. Erst nach Verdrängung fremder Gewalten vom Boden der Grundherrschaft konnte der Abt zum Landesherrn werden.

Die tatsächliche Entwickelung war aber nicht von innerer Notwendigkeit bedingt. Grade da, wo die grundherrlichen Rechte des Klosters am ausgedehntesten waren, in der Stadt St. Gallen und im Lande Appenzell, ist die Ausbildung der Landeshoheit schließlich am vollständigsten mißglückt. Ableiten, mittelst juristischer Konstruktion, läßt sich die Landeshoheit von der Grundherrschaft nicht. Der Grundherr erwarb obrigkeitliche wie andere nutzbare Rechte und Besitzungen. Viel naturgemäßer vollzog sich die Bildung eines Territoriums in der Weise, die Rudolf von Habsburg versuchte, auf Grund der Grafschaft und hohen Vogtei, indem er eventuell grundherrliche Berechtigungen hinzuerwarb. Die beiden entgegengesetzten Entstehungsformen der Landeshoheit waren also möglich und auf Schweizer Boden vertreten. Daß die Fürstengewalt durch demokratische Staatsbildungen zurückgedrängt wurde, war wiederum nicht prädestinierte Entwickelung von sich selbst entfaltenden Keimen, sondern die Folge der mutigen Taten freiheitsliebender Individuen, die der inneren Konsequenz des Alten zum Trotz Neues schufen. Das individuelle Moment hat in der Verfassungs- und Wirtschaftsgeschichte nicht mindere Bedeutung wie in der politischen.

Druck von Friedrich Stollberg in Merseburg.

www.ingramcontent.com/pod-product-compliance
Lightning Source LLC
LaVergne TN
LVHW042245300926
849161LV00003B/479